CAPITAL ACCOUNT
LIBERALIZATION
IN CHINA

THE NEED FOR A BALANCED APPROACH

中国资本账户开放：
一种平衡的方法

凯文·加拉格　　何塞·安东尼奥·奥坎波　张　明　余永定◎主编
中国社会科学院世界经济与政治研究所◎译
张　明◎审校

中国金融出版社

责任编辑：王慧荣
责任校对：孙　蕊
责任印制：丁淮宾

图书在版编目（CIP）数据

中国资本账户开放：一种平衡的方法（Zhongguo Ziben Zhanghu Kaifang：Yizhong Pingheng de Fangfa）/凯文·加拉格等主编，中国社会科学院世界经济与政治研究所译 .—北京：中国金融出版社，2015.7
ISBN 978 - 7 - 5049 - 7990 - 2

Ⅰ.①中… Ⅱ.①凯…②中… Ⅲ.①资本—金融开放—研究—中国 Ⅳ.①F832.21

中国版本图书馆 CIP 数据核字（2015）第 155207 号

出版
发行　**中国金融出版社**

社址　北京市丰台区益泽路 2 号
市场开发部　（010）63266347，63805472，63439533（传真）
网 上 书 店　http://www.chinafph.com
　　　　　　（010）63286832，63365686（传真）
读者服务部　（010）66070833，62568380
邮编　100071
经销　新华书店
印刷　北京松源印刷有限公司
尺寸　169 毫米×239 毫米
印张　9.25
字数　107 千
版次　2015 年 7 月第 1 版
印次　2015 年 7 月第 1 次印刷
定价　28.00 元
ISBN 978 - 7 - 5049 - 7990 - 2/F. 7550
如出现印装错误本社负责调换　联系电话（010）63263947

前言和致谢

本书是"为了长期发展而管制资本流动"课题组的研究成果。这项研究由美国波士顿大学全球经济治理研究中心（Global Economic Governance Initiative，GEGI）发起，负责人为波士顿大学的 Kevin P. Gallagher 教授和 Cornel Ban 教授。GEGI 的宗旨是推进与金融稳定、人类发展以及环境治理相关的政策研究。全球经济治理研究中心涵盖波士顿大学的三个机构：帕迪全球研究院、金融法律政策研究中心以及帕迪未来研究中心。

本课题组的联席主持人是 Kevin P. Gallagher、哥伦比亚大学政策对话研究中心（Initiative for Policy Dialogue，IPD）的 José Antonio Ocampo、中国社会科学院世界经济与政治研究所（the Institute for World Economics and Politics，IWEP）的张明和余永定。GEGI、IPD 和 IWEP 是本报告的联合发起方，IWEP 负责本报告中文版本的出版。

《中国资本账户开放：一种平衡的方法》为本课题组系列报告的第三篇。它研究了中国开放资本账户的利弊。课题组认为，针对其他新兴市场国家过去开放资本账户的经验进行讨论，这对正在考虑进一步开放资本账户的中国具有重要的借鉴意义。第二篇课题组报告《资本账户管制与贸易体系：兼容性检查》也非常重要。在该报告中，我们发现，越来越多的贸易与投资协定禁止对资本流动进行管制，因此，我们建议在这些协定中应当添加保护性条款，从而使得各国能够通过资本管制来防范或者缓解跨国资本流动的负面冲击。

本课题组的第一篇报告《为了长期发展而管制资本流动》同样重要，该报告通过梳理各国经济发展的经验，证明了为什么现在比以往更应当管制资本流动。

在此，我们首先要感谢为课题组提供资金支持的机构和个人。福特基金会为课题组，尤其是本篇报告的写作提供了主要的资金支持。我们感谢 Leonardo Burlamaqui 鼓励和支持本项目。本报告还得到了波士顿大学金融法律政策研究中心的资助，我们感谢该中心的主任 Cornelius Hurley。

我们感谢 Victoria Puyat、GEGI 的联络人员 Jill Richardson、Sarah McGeever 和 Yuan Tian。他们在波士顿大学组织了为期一天的研讨会，在研讨会上，课题组成员交流并发表了文章初稿。我们感谢约克大学的 Gregory Chinn 参加研讨会。波士顿大学的 Cornel Ban、Joseph Fewsmith 和 Min Ye 也参与了研讨会，并且作出了贡献。没有他们的辛勤付出，就没有这篇报告的产生。

Pardee 中心的副主任 Cynthia Barakatt 主持了编辑制作本报告的艰巨工作。Leeann Sullivan 和 Chantel Pheiffer 协助她准备了本报告的初稿。我们感谢 Jill Richardson 为将报告交付到读者手中而在宣传公关方面所作出的努力。

本课题组还要感谢 Pardee 中心主任 Anthony Janetos，本报告源于他所召集的研讨会。此外，感谢 Pardee 中心对 GEGI 的支持。

目　　录

综　述

中国资本账户开放：谨慎为上

Kevin P. Gallagher（凯文·加拉格）

José Antonio Ocampo（何塞·安东尼奥·奥坎波）

张　明

余永定

从很多方面而言，中国可被视为伟大的全球化实践者。中国没有在"华盛顿共识"的框架下激进地开放国际贸易，而是在 20 世纪 80 年代采用了实用主义的做法，借用中国伟大的改革家邓小平的说法，就是"摸着石头过河"。在向全球贸易体系开放的过程中，中国政府对基础设施、工业化和物流体系给予了循序渐进式的重视。正因为如此，中国在短短几十年中就成为了全球最大的贸易国。在考虑开放金融产业必要性的当下，中国在贸易开放上的做法甚至更有借鉴意义。其他新兴市场国家在金融自由化上的经验和教训，同样值得中国借鉴。全面开放中国金融体系，首先需要推行一些其他方面的重要改革，同时应进行强有力而又足够灵活的跨境金融管制。这些管制能够有效地防范与降低金融风险，确保金融市场能够服务于中国国民的有效就业。

这些审慎性观点源于 2014 年 2 月在波士顿大学召开的 Pardee 资本流动管制课题组的研讨会。这次研讨会受到波士顿大学全球经济治理研究中心、哥伦比亚大学政策对话研究中心以及中国社会科学院世界经济与政治研究所的资助。在这次研讨会上，学者和政策制定者们探讨了日本、印度、韩国、拉丁美洲与中东欧的资本账户开放经验。与会人员还回顾了与资本账户开放相关的经济证据，以及国际货币基金组织最新出台的相关政策。

本综述总结了研讨会和本报告提出的主要政策建议。我们认为，中国政府应当从经济学文献和各国资本账户开放历史中吸取经验教训，这样做将会引导中国政府在资本账户开放上采取循序渐进的审慎做法。

中国的资本账户开放

对资本的跨境流动进行管制，是中国发展改革的基石之一。在邓小平启动改革之后的三十余年中，中国的资本账户管制政策一方面引导资本流向战略发展目标，另一方面维护着金融体系稳定。中国这一时期的经济增长是其自身乃至世界历史上最成功的阶段，此间中国年均经济增速超过 10%。此外，中国有保留的金融全球化使得改革能够按计划顺利推进。在 20 世纪 90 年代，金融危机蔓延全球，新兴市场受到重创，其中亚洲受创尤为严重。然而，中国相对封闭的资本账户缓冲了金融危机对中国的冲击。

中国官员们认为，中国经济需要转换发展模式，中国政府也为实现新的发展模式而进行了一系列改革尝试。渐进的资本账户开放始于 1994 年。迄今为止，中国政府几乎取消了所有针对外国来华直接投资的限制，显著放宽了对间接投资的限制（但仍然对间接投资进行额度管理），但跨境货币市场交易与金融衍生品交易依然受到严格管制。然而，随着人民币国际化的推进，中国的资本账户开放从2009 年起已然加速。人民币交易结算机制以及所谓的"回流机制"，已经导致跨境短期资本流动面临的限制显著放松。中国香港的人民币交易，则为利用人民币汇率价差进行套利创造了大量的机会和风险。稳定的人民币升值预期导致针对人民币的套利交易变得十分火爆。香港等离岸人民币交易市场的发展，以及跨境短期资本流动的部分开放，使部分人士认为中国的资本账户要比官方政策表述的更加开放。根据有关估计，2014 年中国跨境银行信贷敞口达到 1 万亿美元，相当于中国 GDP 的 12%（Verma，2014）。从 2009 年起，中国事实上形成了资本流动监管的"双轨制"：以美元结算的跨境资本流动仍然由隶属于中国人民银行的国家外汇管理局实行更严格的管理。然而，以人民币结算的跨境资本流动则由中国人民银行货币政策二司的附属部门管理，其监管力度远较前者宽松。换言之，人民币国际化的实践，事实上已经为中国的跨境短期资本流动进一步松绑。

2013 年召开的中国共产党十八届三中全会再次证实了这一动向。中国政府表示，将"推动资本市场双向开放，有序提高跨境资本和金融交易可兑换程度，建立健全宏观审慎管理框架下的外债和资本流动管理体系，加快实现人民币资本项目可兑换"（CPC Central Committee，2013）。

因此，争论中国是否应该开放资本账户已经没有意义，这是因为中国政府已经作出了推进资本账户开放的决定。但是，讨论资本账户如何开放以及以怎样的速度开放，仍然具有至关重要的意义。

资本账户开放的风险

从理论上来讲，当一个国家管理其金融部门的能力达到一定阈值后，资本账户开放能够带来巨大的经济效益。资本账户开放能够促进金融部门的竞争、促进投资组合多样化，并改善经常账户失衡状况。截至 20 世纪末，许多发达国家和发展中国家已经开放了资本账户。

然而，根据经济学研究发现，对新兴市场经济体而言，资本账户开放与经济增长之间并不存在明确的联系。与之相反，在资本账户开放与金融危机爆发之间似乎存在相关性。此外，有证据表明，资本账户开放可能导致不平等程度加深。

彼得森国际经济研究所的 Olivier Jeanne、Arvind Subramanian 和 John Williamson 针对资本账户开放与经济增长的文献综述表明，在上述两者之间并没有明显的相关性。事实上，这三位作者（其中两位是前国际货币基金组织官员）甚至认为，"国际社会不应当寻求推动资产的完全自由交易——甚至是在长期——因为资本自由流动对长期经济增长的好处微乎其微"（Jeanne et al.，2012）。

哥伦比亚大学经济学家 José Antonio Ocampo、Shari Spiegel 和 Joseph Stiglitz，以及哈佛大学经济学家 Kenneth Rogoff 和 Carmen Reinhart，近年来也证明了资本账户开放将会显著增大触发银行业危机的风险（Ocampo，Spiegel and Stiglitz，2008；Reinhart and Rogoff，2009）。近几十年来在墨西哥、巴西、土耳其、韩国、俄罗斯、拉脱维亚和冰岛等国爆发的危机可以证明这一点。开放资本账户将使新兴经济体更容易受到全球金融市场周期性波动的影响。短期资本的快速大量流入和流出将会显著放大金融风险。资本的急速大量流入将会导致汇率升值与资产价格上涨。由于对以外币计价的负债所能提供的担保更多了，银行的资产负债表随之扩张。然而，这一切将伴随着短期资本流入的突然停止而立刻消失：本币大幅贬值；由于需要用外币来偿还债务，银行的资产负债表将显著收缩（Korinek，2011）。

对中国而言更值得关注的是，有新的证据表明，资本账户开放将会加剧不平等。由 Furceri 和 Loungani（2013）完成的一项国际货币基金组织（以下简称 IMF）研究，观察了 50 个发达经济体资本账户开放的案例。他们发现，资本账户完全开放一年后，经济体的不平等程度（用基尼系数来衡量）大约会增加 1%，而五年后则会增加 2%。

　　此外，政府官员和经济学家们还担心，资本账户开放将会使一国丧失经济政策自主性。在资本账户开放方面，政策制定者总是面临"三难选择"。经济学家罗伯特·蒙代尔通过将凯恩斯的相关研究进一步理论化，指出在国际金融中，一个国家只能同时使用以下三种政策工具中的两种：作为货币政策工具的利率、对汇率的控制以及对跨境资本流动进行管理。事实上，资本账户开放所导致的政策自主性削弱，可能比蒙代尔所言更为严重。有关部门可能彻底失去对货币的控制权，从而在一定程度上只能选择资本账户波动究竟在哪里显现出来：是在货币与信贷总量上，还是在汇率上。对中国而言，为应对"三难选择"而对汇率进行干预，支付了巨大的冲销成本。

次序的重要性

　　资本账户开放的风险是不确定的。这也是为什么越来越多的人认为资本账户开放必须按照本国国情循序渐进地推进。IMF（2012）对 2010 – 2012 年的资本流动管理与资本账户开放状况进行了重新评估，并提出了一种新的"制度性"观点。新观点认为，汇率的灵活性、货币政策改革以及金融管制，可能是保证一国从资本账户开放中获益的重要前提。正如 Kenji Aramaki 在本书中所言，日本在循序渐进地推进资本账户开放上堪称典范。日本政府花费了 40 余年时间推动汇率、利率和金融政策方面卓有成效的改革，最终为资本账户的全面开放铺平了道路。

　　事实上，有一种被越来越多的人接受的观点认为，在 21 世纪，即使是相对开放的金融体系，也应当对跨境资本流动进行管制。最新的研究认为，对资本流入骤然增加进行管制，并非一种扭曲性的政策，而很可能是一种最优政策。考虑到信息具有显著的外部性，投资者并没有将他们快速投资和撤资的行为可能给金融体系造成的风险内部化。大多数投资者未将投资风险完全内部化的投资行为，可能迅速地加剧金融系统不稳定。因此，为纠正金融体系这种内在的市场失灵，对资本流入征收反周期性质的庇古税就具有合理性（Korinek，2011）。

大多数计量经济结果表明，只要制度设计合理并得到有效实施，对资本流入的管制能够获得预期效果。美国国家经济研究局在一篇关于金融危机爆发前夕的文献综述（包括诸如智利与哥伦比亚这样的已经开放了资本账户的国家）中指出：“总体而言，对流入资本进行管制，提高了货币政策的独立性，改变了资本流入的结构，并在一定程度上缓解了实际汇率升值压力”（Magud et al.，2011）。

金融危机的爆发对一些已经开放资本账户的国家敲响了警钟，有些国家和地区开始重新引入对资本流入与流出的管制。巴西、印度尼西亚、韩国和中国台湾等经济体，在维持一定程度的资本账户开放的前提下，在金融危机爆发后重新加强了对跨境资本流动的管制（Erten and Ocampo，2013；Gallagher，2014）。

对中国的启示：改革与管制先行

对中国而言，把握好推进资本账户开放、推动其他经济改革与加强相应监管等举措的先后顺序，对于促进经济增长、生产性就业、社会凝聚力与金融稳定至关重要。

就改革顺序来看，在彻底开放资本账户（特别开放短期贷款、证券与衍生品交易）之前，应该加快对利率与汇率的改革。随着中国经济进入再平衡的调整期，中国的储蓄者会寻求投资的多元化。

在此背景下，非常低的利率水平可能带来一定的风险。IMF 的一项最近研究表明，由于国内投资者试图多元化国内储蓄，中国的资本账户开放可能导致股票和债券市场的净资本外流（Bayoumi and Ohnsorge，2013）。

此外，中国应该通过实施有效的国内金融管制来保障金融体系稳定。有两项管制措施尤为重要：一是建立国家存款保险公司来允许与应对国内金融机构的破产清算，二是建立全面的宏观审慎监管体系来避免资产泡沫的产生。在这个宏观审慎监管体系下，目前至关重要的是对国内迅速扩张的影子银行产品加强监管。

针对资本流动的反周期管制，需要与宏观审慎监管密切配合。在利率和经济增长率方面与其他各国的差异，使中国容易受到短期资本周期性突然流入和流出的影响。巴西与韩国这两个资本账户开放的国家，在这方面进行了开创性的实践。两国都通过有关立法，永久性地授权货币和金融当局根据实际需要对跨境资本流动进行灵活管制。这两个国家在开放资本账户之后都经历了严重的金融危机，因此两国政府决定，重新引入反周期措施对资本流入（有时也对资本流出）进行管制。

最近，国际资本在巴西和韩国快速流入或流出的渠道主要是外汇衍生品市场的套利交易。两国都设计了特定措施来防范这种资本流动带来的金融风险。韩国的管制措施相比之下更加成功，因为其外汇衍生品市场是可交割的，并且在国内进行交易。而巴西的外汇衍生品市场是不可交割的，而且大多数交易在海外进行，这就使有关部门难以对此进行管制。

最后，中国需要确保给跨境金融监管预留足够的政策空间。近期，IMF 对资本流动管制发表了新的看法，承认了资本流动管理的必要性。对 IMF 这样曾经强烈反对进行资本管制的机构而言，该举措扩展了资本流动管制的政策空间。然而，由于在世界贸易组织的服务贸易总协定，以及一些自由贸易协议和双边投资协定中的相关承诺，加大了一国进行资本流动管制的实施难度（Gallagher and Stanley，2013）。事实上，在中美双边投资协定的谈判中，美国坚持要求，中国不得在未征得其同意的前提下，对跨境资本流动进行管制。而在与德国的双边投资协定中，中国却成功地保留了资本管制的政策空间（Anderson，2009）。中国政府应当在未来所有的协定谈判中，努力达到类似中德双边协定的平衡。

中国政府一直以来倾向于实行循序渐进式的改革。在资本账户开放这一问题上，中国政府仍然应该采取这一方式，此举至关重要。在优先次序更高的改革实施之后，在对国内金融体系与跨境金融活动均进行更加严格的监管的条件下，逐渐地推动资本账户自由化，才是明智而审慎的做法。只有这样做，中国才可以避免重蹈很多其他国家的覆辙，即不成熟的金融开放所导致的金融危机、增长放缓以及不平等程度加剧。也只有这样做，中国政府才能保证有足够政策工具来为其人民带来长久的繁荣。

参考文献

［1］Anderson, Sarah（2009）. US – China Bilateral Investment Treaty Negotiations, Washington, D. C.：Institute for Policy Studies.

［2］Bayoumi, Tamin and Franziska Ohnsorge（2013）. "Do Inflows or Outflows Dominate? Global Implications of Capital Account Liberalization in China," IMF Working Paper, WP/13/189.

［3］CPC Central Committee（2013）. "The Decision on Major Issues Concerning Comprehensively Deeping Reforms," the Third Plenary Session of the 18th Communist Party of China（CPC）Central Committee, 12 November.

［4］Erten, Bilge and José Antonio Ocampo（2013）. "Capital Account Regulations, Foreign Exchange Pressures, and Crisis Resilience," Working Paper, Initiative for Policy

Dialogue, available at: policydialogue. org.

[5] Furceri, Davide and Prakash Loungani (2013). "Who Let the Gini Out?", *Finance & Development*, Vol. 50, No. 4.

[6] Gallagher, Kevin P. (2014). *Ruling Capital: Emerging Markets and the Reregulation of Cross-Border Finance*, Ithaca, NY: Cornell University Press.

[7] Gallagher, Kevin P. and Leonardo Stanley, eds. (2013). Capital Account Regulations and the Trading System: A Compatibility Review. Pardee Center Task Force Report. Boston, MA: The Frederick S. Pardee Center for the Study of the Longer – Range Future, Boston University.

[8] International Monetary Fund (2012). "The Liberalization and Management of Capital Flows: An Institutional View. " International Monetary Fund, Washington, D. C.

[9] Jeanne, Olivier, Arvind Subramanian, and John Williamson (2012). Who Needs to Open the Capital Account? Washington: Peterson Institute for International Economics.

[10] Korinek, Anton (2011). "The New Economics of Prudential Capital Controls. *IMF Economic Review* Vol. 59, Issue 3, pp. 523 –561.

[11] Magud, Nicolas E. , Carmen Reinhart, and Kenneth Rogoff. (2011). "Capital Controls: Myths and Realities. " *NBER Working Paper* No. 16805. Cambridge, MA: National Bureau of Economic Research.

[12] Ocampo, José Antonio, Shari Spiegel and Joseph E. Stiglitz (2008). "Capital Market Liberalization and Development" in José Antonio Ocampo and Joseph E. Stiglitz (eds.). *Capital Market Liberalization and Development*. New York, NY: Oxford University Press, Chapter 1.

[13] Reinhart, Carmen, and Kenneth Rogoff (2009). *This Time Is Different: Eight Centuries of Financial Folly*. Princeton: Princeton University Press.

[14] Verma, Sid (2014). "Capital Controls in China are brokeni Beijing faces a new impossible trinity", *Euromoney*, April 10. Full article: http: //tinyurl. com/Cap-Controls-China.

第一章 中国和印度的金融开放：
关于资本账户自由化的启示

Guonan Ma（马国南）

Robert N. McCauley（罗伯特·麦考利）

引　言

近年来，中国和印度的决策者均宣布将进一步对当前严格管理的资本账户进行自由化。在不对全球金融市场产生破坏性溢出效应的前提下，中国和印度如何将本国的金融体系融入全球市场，对全球经济体而言至关重要（Hooley，2013）。中国尤为如此，因为相对印度而言，中国经济的体量更大，而且在未来几年中的开放意愿更强。

一个经济体当前与全球其他经济体的金融关联程度，能够有效地揭示未来的风险与挑战。因此，衡量一国的金融一体化程度，就成为政策制定者进行决策的起点。如果资本账户开放能够有效地促进国内金融自由化，那么金融一体化程度较高的经济体（如中国和印度）进行资本账户开放将会利大于弊。然而，金融一体化程度较低的经济体在资本账户开放的过程中通常将面临较大风险，而且需要对国内经济进行更大程度的调整。

对资本账户开放度的研究多采用 Chinn-Ito（2008）指数，该指数是离散的法律意义（de jure）上的资本开放度指标。Chinn-Ito

（2008）指数是依据 IMF 发布的汇率安排与汇率限制年度报告（Annual Report on Exchange Arrangements and Restrictions，AREAR）中的四个派生变量进行计算的（图 1.1，左图）。此外，最为广泛使用的事实意义（de facto）上的资本开放度指标（IMF，2010）是 Lane 与 Milesi-Ferretti 指标，该指标是一国国际资产和国际负债规模之和占国内生产总值的比重（Lane and Milesi-Ferretti，2003，2007）（图 1.1，右图）。

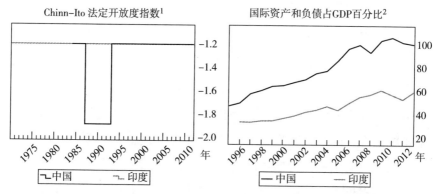

1. 基于跨境金融交易的约束分类，对每一类约束做二元（0 和 1）取值。这一分类来自国际货币基金组织的《汇兑安排与汇兑限制年报》。详情参见 Chinn and Ito（2006）。

2. 国际投资头寸。中国 2004 年以前的数据来自 Lane & Milesi-Ferretti（2007）。

数据来源：IMF 国际金融统计（www. econdata. com/databases/imf-and-other-international/ifs/D）及世界经济展望（www. imf. org/external/pubs/ft/weo）。

图 1.1　中国和印度资本账户开放程度：法定与事实上的度量

我们认为，上述两个指标不能恰当地衡量与跟踪中国和印度在国际金融一体化方面的进展[1]。Chinn-Ito 指数意味着中国和印度在资本账户开放方面止步不前，这无疑是错误的。与之相反，我们认可 Lane 与 Milesi-Ferretti 关于两国的资本开放度正在逐步加大的观点。需要指出，资本账户开放进程完全可能是进两步退一步。此外，我

---

[1]　Lane and Schmuckler（2007）；Aizenman and Sengupta（2011）.

们对 Chinn-Ito 指数（两国水平相当）和 Lane 与 Milesi-Ferretti 指数（中国领先）在至少过去十年间对中印两国在平均资本账户开放水平上的相对位置表示怀疑。

除此之外，我们也对当前关于资本账户开放对资本流动所产生的影响的一些看法表示怀疑。He 等（2012）以及 Bayoumi and Ohnesorge（2013）均指出，如果中国完全开放其资本账户，中国将不仅会面临更大的外部头寸，而且将会面临更大的私人部门净资产。相反，Bayoumi and Ohnesorge（2013）却认为，印度将面临较低水平的私人部门资本净流出。由于难以进行建模分析，目前尚无文献对银行资产存量展开研究。我们基于对三种金融工具在岸和离岸价格差异的分析，对上述结论提出质疑，因为相对价格差异可能引发银行资本的大规模流动。特别是，我们发现中国货币市场工具的在岸价格相对便宜，因此，我们认为，上述忽视了银行资产变动的基准预测，可能忽略了大量短期资本流入的可能性。

我们提出上述问题，是从一价定律出发，对以下三个价格变量进行了对比研究，即货币远期汇率、短期利率水平和股票价格的平均偏离程度。基本思路是，假定其他条件不变，在正常的市场环境下，如果资本是自由流动的，那么相同的金融工具的在岸价格和离岸价格应当是基本一致的。

此外，为衡量资本账户开放进程的后续挑战，我们提供了跨国基准与双边比较。最后，我们通过观察上述金融工具价差的符号来判断在岸价格和离岸价格的相对高低，并将其作为私人资本流入或流出压力的信号。

我们提出了四个假说，其中两个假说基于时间序列数据（ts），另外两个基于横截面数据（xs）。我们利用 2003 – 2013 年的数据对这些假说进行验证。

假说 ts1：Lane 与 Milesi-Ferretti 指数是正确的，中国和印度的资本开放度均在增加。

假说 xs1：Chinn-Ito 指数和 Lane 与 Milesi-Ferretti 指数都错了，印度的金融市场事实上比中国更开放。

假说 ts2：中国和印度的金融开放度仍然很低。

假说 xs2：中国的资本账户开放将在短期内面临资本净流入压力，而印度则将面临较为均衡的资本流入和流出。

本章的结构安排如下：第二部分到第四部分提供了在岸与离岸价差的三种衡量方法（远期汇率、货币市场收益率和股票市场价格）；第五部分以对上述价差的分析为基础，讨论中国资本账户开放的含义；第六部分是结论与展望。

在岸和离岸远期外汇合约

首先，我们将上海或孟买的远期汇率与在香港、新加坡或东京进行离岸交易的远期汇率进行对比。资本流动倾向于弥合在岸价格和离岸价格之间的价差。因此，价差越小，意味着经济体的金融开放度越高。我们作出如下定义，当价差为正时，表明合约在岸价格较低。对于远期外汇合约而言，正的价差意味着，在上海（孟买）在岸市场上，一单位美元所能购买的人民币（卢比）的数量要比离岸市场多。对于货币市场而言，正的价差意味着，上海或孟买的价格（收益率）要比离岸市场更低（高）。对于股票市场而言，正的价差意味着，在岸市场的股票价格相对较低。

正如 Liu and Otani（2005）所指出的那样，上述方法的好处在于，可以利用直接观察得到的价格数据进行计算。但由于中国在岸外汇远期交易始于 2003 年，我们所能选取的对比分析数据区间只能为 2003 – 2013 年。此外，在在岸外汇远期交易中，基于真实贸易需求的交易合约能够在到期日实现实际交割。因此，在岸远期汇率可能不同于离岸无本金交割（NDF）远期汇率①。

汇率远期合约的价格差异如公式（1）所示：

$$远期汇率价格差异 = (F_t - NDF_t)/S_t$$

其中，F_t 表示在岸市场远期汇率，NDF_t 表示离岸无本金交割（NDF）远期汇率，S_t 表示在岸市场即期汇率，上述指标均采用直接标价法。价格差异为正，表明本国货币的在岸价格相对离岸价格较低，因此在资本开放的环境中，这会导致更多的资本流入，而非资本流出。

图 1.2 表明，在雷曼兄弟公司破产倒闭之后，人民币和卢比的离岸市场价格均显著降低，无论是 3 个月的远期汇率（图 1.2，左图），还是 12 个月的远期汇率（图 1.2，右图）都是如此。从图 1.2 也可以看出，离岸人民币的 12 个月远期汇率一度相当昂贵，这是由于当时投机者对人民币汇率有强烈的升值预期（在人民币兑美元汇

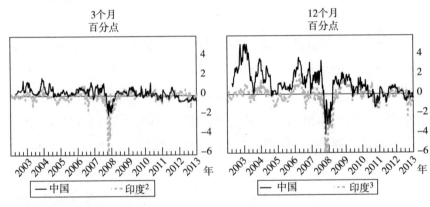

1. 阴影部分代表 2008 年 9 月到 12 月的全球金融危机。

2. 最低值为 2008 年 10 月 24 日的 -7.88%。

3. 最低值为 2008 年 10 月 24 日的 -11.7%。

数据来源：Bloomberg，CEIC。

图 1.2　在岸外汇远期与离岸无本金交割远期之差（以即期汇率百分点计）[1]

---

① 关于 NDF 市场，请参阅 Ma et al.（2004）；Misra and Behera（2006）；Ma and McCauley（2008a，2008b）；and McCauley et al.（2014）.

率由 1∶8.2 升值到 1∶6.1 的过程中）。此外，在全球金融危机期间，远期汇率的在岸价格和离岸价格价差迅速扩大，这可能是出于以下即将讨论到的市场错位的原因。人民币和卢比的远期汇率价差的符号和大小均具有显著的相关性，这意味着诸如投资者情绪、市场不确定性等全球性因素可能对远期汇率合约的价差产生了重要影响。

表 1.1　在岸与离岸市场外汇远期价差（占即期价格的百分比）

	3 个月期			12 个月期		
	危机前	危机后	全样本	危机前	危机后	全样本
期间平均						
CNY[1]	0.5126	0.0494	0.2508	1.8510	0.3851	1.0518
INR	− 0.0399	− 0.0029	− 0.0928	0.0297	− 0.0745	− 0.1601
KRW	− 0.3007	− 0.0287	− 0.1726	− 0.1263	− 0.1015	− 0.1334
基准[1,2]	− 0.1315	0.1019	− 0.0369	− 0.3403	0.2510	− 0.0766
绝对值平均						
CNY[1]	0.5303	0.3279	0.4489	1.8549	0.7464	1.3290
INR	0.2579	0.2849	0.3334	0.4476	0.6142	0.6511
KRW	0.4365	0.2056	0.3406	0.4676	0.2562	0.3865
基准[1,2]	0.5828	0.3634	0.4628	1.1589	0.7246	0.8964

1. 人民币数据开始于 2003 年 4 月 7 日，哥伦比亚比索数据开始于 2004 年 1 月 7 日，俄罗斯卢布数据开始于 2012 年 1 月 12 日。

2. 基准为巴西雷亚尔、哥伦比亚比索、印度尼西亚卢比、菲律宾比索、俄罗斯卢布和中国台湾新台币的平均值。

注：远期价差缺口的日度数据的计算方法是，在岸远期与离岸无本金交割远期差额占即期价格的百分比。亚洲货币价格选择东京早上 8 点的价格、俄罗斯卢布价格选择伦敦早上 6 点价格、巴西雷亚尔和哥伦比亚比索选择纽约早上 5 点的价格。全样本期间为 2003 年 1 月 6 日至 2013 年 12 月 31 日，危机时期为 2008 年 9 – 12 月。

数据来源：Bloomberg，Reuters。

从表 1.1 可以看出，2003 ⁻ 2013 年，人民币远期汇率合约的平均价差要显著高于卢比。因此，无论是在危机前还是危机后，无论是 3 个月期还是 12 个月期的远期合约价差，都表明人民币在岸市场与离岸市场的分割程度要高于卢比。从这一意义而言，印度与全球金融市场的一体化程度是高于中国的。

然而，人民币和卢比的远期汇率价差，在危机前后的变动趋势却大相径庭。一方面，不同期限的人民币远期汇率价差在危机后均呈现出显著的缩小趋势，这表明近年来中国的资本账户开放度显著增强。但另一方面，卢比的远期汇率价差却在危机后呈现出扩大趋势。一种可能是，中国推行的人民币跨境贸易结算在一定程度上促进了跨境套利活动。另一种可能是，美联储在 2013 年第三季度释放的退出量化宽松的信号，导致了抛售新兴市场经济体资产的行为，这对存在经常账户赤字的经济体的损害尤为明显。当然，有人可能会问，为什么最近这次冲击对人民币和卢比会产生如此不对称和不同的影响（Ma and McCauley，2013；McCauley et al.，2014）。无论如何，基于远期外汇合约价差的分析说明，中国的资本账户开放正在进行，而印度的资本账户开放进展更慢，甚至有些倒退。

此外，尽管各种期限的人民币远期汇率的在岸价格均比离岸价格更便宜，但卢比远期汇率的在岸价格则在多数情形中要比离岸价格更昂贵，这一情形在全样本以及危机前后的子样本中都存在。换句话说，如果两国的资本账户进一步开放，人民币很可能会面临升值和私人资本净流入压力，而卢比则可能会承受一定的贬值和私人资本净流出的压力。即使上述压力可能主要通过风险头寸的调整而非跨境资本流动来释放，在在岸价格较低的情形下，预期因素同样会导致更大规模的私人资本总流入。

总之，远期外汇交易表明，印度在过去十年中的金融一体化程度要比中国更高，特别是在金融危机发生前。但在金融危机之后，中国的金融一体化程度明显加速，并逐步缩小了与印度的差距。而一旦资本账户进一步开放，与印度相比，中国可能要面临更大的私人资本流入压力。

如果远期外汇市场的研究表明，印度在过去十年里的资本账户开放程度比中国更高，但两国的差距正在缩小的话，那么，中国和印度在资本账户自由化方面究竟还要走多远呢？除极端情况外，欧元兑美元汇率在法兰克福和纽约几乎完全一样。在所有的离岸无本金交割（NDF）市场中，韩元市场是最大的以及一体化程度最高的市场。如表1.1所示，在金融危机之后，卢比的远期汇率价差位于韩元和其他六个 NDF 市场货币构成的基准值中间。相反，更大的人民币远期汇率绝对价差则更加接近于上述六个 NDF 市场货币构成的基准值，这意味着人民币市场面临更严重的跨境套利现象，以及中国的资本账户开放有更长的路要走。

在岸与离岸短期利率

接下来，我们将对比分析在岸市场和离岸市场之间的短期利率。Otani and Tiwari（1981）曾经比较了东京和离岸市场间的日元利率，Frankel（1992）则通过这种比较来检验资本的流动性。在 2010 年人民币离岸市场扩张之前，我们没有人民币和卢比两种货币离岸利率有关数据。因此，我们通过从 NDF 市场相关数据进行推算来得到离岸利率。在计算过程中，我们假定 NDF 市场中的拆借利率为美元 Libor，这一假定在金融危机之前具有相当的合理性[1]。

公式（2）：

$$NDF_t = S_t(1 + i_t)/(1 + r_t^{\$})$$

其中，i_t 为隐含的离岸市场货币利率，$r_t^{\$}$ 为美元 Libor。因此，离岸货币利率如公式（3）所示：

---

[1]　全球金融危机的爆发打破了抛补利率平价机制（Baba and Packer, 2009），这说明在全球范围内存在普遍的资本管制。随着全球性的"美元短缺"（McGuire and von Peter, 2009）的出现，美元 Libor 不再能够被适当地应用于公式（3）。Mancini and Ranaldo (2011) 在不采用 Libor 的情形中，检验了利率平价机制。如果美元的在岸和离岸利率是一致的，远期汇率由利差决定，那么我们计算的收益率差异就是上述远期汇率差异的变形。但是，美元在岸收益率的确和离岸收益率存在偏离。

$$i_t = NDF_t \times (1 + r_t^{\$})/S_t - 1$$

我们定义货币在在岸市场和离岸市场之间的利差为 $r_t - i_t$，其中 r_t 为直接观测的 3 个月期的在岸银行利率或者 12 个月国债利率。如果利差 $r_t - i_t$ 显著不等于零，表明在岸市场和离岸市场间存在分割。如果利差为正，表明货币市场工具的在岸价格相对便宜（收益率较高）。利差绝对值水平越低，表明经济体的金融开放程度越高。

图 1.3 表明，自 21 世纪以来，中国和印度的货币市场工具利差均有降低趋势。Ma et al.（2004）和 Kohli（2011）指出，卢比的利差从 21 世纪初期起就开始降低，而人民币的利差在全球金融危机之后才开始呈现出下降趋势。与之相比，卢比的利差在危机后反而有所扩大。与前文中的汇率价差类似，我们发现，人民币和卢比的利差存在显著的相关性，这意味着两国的货币市场利差可能存在共同的全球性影响因素。

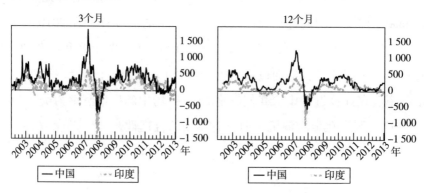

注：周度数据。中国：3 个月（12 个月）期 NDF，3 个月期 Chibor（2008 年 7 月前为一年期中央银行票据拍卖收益率；之后为二级市场收益率），及 3 个月（12 个月）期 Libor。印度：3 个月（12 个月）期 NDF，3 个月孟买银行间市场卖出价（364 天期国债隐含收益率），及 3 个月（12 个月）期 Libor，阴影部分代表 2008 年 9 月至 12 月的全球金融危机。最低值为 2008 年 10 月 24 日的 −3 310.89 个基点。

数据来源：Bloomberg，CEIC。

图 1.3 在岸货币市场收益率与离岸隐含收益率之差（以基点计）

总体而言，基于远期汇率价差的大多数结论同样适用于基于货币市场工具利差的研究。从表 1.2 可知，在过去十年中，跨境套利交易在印度的货币市场中更好地发挥了作用，使在岸和离岸间的利差更为接近。无论是在全样本区间中还是金融危机前后的子样本区间中，印度金融市场的开放程度均高于中国，尽管其领先程度正在逐步缩小。有趣的是，卢比的利差在金融危机之后有所上升，而人民币的利差在金融危机之后显著缩小。此外，人民币利差水平在危机爆发之初就已经接近于卢比的利差水平。因此，基于该项指标的分析表明，中国的金融开放程度正在赶超印度。

表 1.2　　在岸货币市场收益率与 NDF 隐含收益率之差（基点）

	3 个月期			12 个月期		
	危机前	危机后	全样本	危机前	危机后	全样本
期间平均						
CNY	436.8	316.1	354.7	381.1	208.2	280.1
INR	148.0	181.5	146.3	101.5	107.7	95.0
KRW	49.5	105.2	90.6	67.2	98.9	89.2
绝对值平均						
CNY	437.0	345.3	392.7	381.1	235.4	308.9
INR	192.7	212.9	215.2	132.1	138.4	141.1
KRW	76.6	113.8	111.6	68.5	99.5	90.7

注：日度数据。中国：3 个月（12 个月）期 NDF，3 个月期 Chibor（2008 年 7 月前为一年期中央银行票据拍卖收益率），3 个月（12 个月）期 Libor。印度：3 个月（12 个月）期 NDF，3 个月期 Mibor（364 天期国债隐含收益率），及 3 个月（12 个月）期 Libor。韩国：3 个月（12 个月）期 NDF，3 个月期存款汇利率（一年期二级市场国债收益率），及 3 个月（12 个月）期 Libor，全样本时间范围从 2003 年 5 月 27 日至 2013 年 12 月 31 日。危机时期从 2008 年 9 月到 12 月。

数据来源：Bloomberg，CEIC。

基于货币市场工具的收益率差异的研究表明，中国和印度的货币市场工具的在岸价格均低于其离岸价格，这一点与基于远期外汇价差的研究结论有所不同。这意味着，一旦资本账户进一步开放，中印两国都将至少在货币市场上面临较大的私人资本净流入压力。

此外，人民币与卢比的金融一体化程度相对于基准货币韩元来说仍然较低。Ma et al.（2004：90）指出，尽管韩元利差在危机之后也有所扩大，但卢比的利差依然显著高于韩元。如果说印度的开放度还不足，那么人民币的开放度就更为落后。然而，在全球金融危机之后，人民币的开放度正在迅速迎头赶上，卢比的开放度则有所退步，而且逐渐失去了领先地位。

股票市场的国际一体化

中国和印度政府允许国内公司同时在上海交易所或孟买交易所，以及香港交易所或纽约证券交易所上市。虽然在岸市场和离岸市场交易是以不同货币计价的，但资本自由流动能够确保证券交易的价格只存在细微差别。对一价定律的偏离意味着，政府通过人为限制国内市场中的外国投资者活动而造成市场的分割。借鉴 Levy-Yeyati et al.（2009），我们研究了股票市场的在岸和离岸价格差异以及两者之间相互收敛的速度。

我们构建了在上海、香港或者纽约同时上市的股票指数（Peng et al.，2008），以及在孟买和纽约同时上市的股票指数。我们使用香港和孟买的股票市场市值来对个股的价差进行加权。我们把价差定义为离岸价格与在岸价格的比率，该指标大于 100，表明在岸股票价格比离岸价格便宜。这一溢价指标越接近 100，表明在岸股票市场和离岸股票市场的一体化程度越高。如图 1.4 所示，中国股票溢价指标与香港恒生 AH 股票溢价指标（Hang Seng China AH Premium Index）非常类似（Ma and McCauley，2013）。

一个典型现象是，印度股票溢价指标位于 100 以上，而中国则

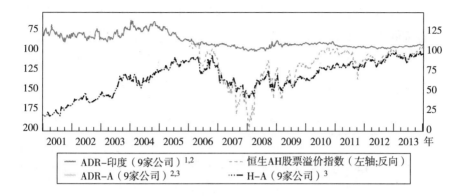

1. ICICI 银行，Wipro，莱迪博士实验室，HDFC 银行，斯特利特工业公司（印度）（截至 2013 年 8 月），Mahanagar 通信公司，塔塔汽车，塔塔通信与信息科技等公司股价按国内市值的加权平均值。

2. 同一日亚洲市场收盘价与纽约市场开盘价之比。

3. 中国东方航空，中国人寿，中国石化，中国南方航空，广深铁路，华能国际，上海石化，中国铝业和中国石油等公司股价按其香港市值的加权平均值。阴影部分代表 2008 年 9 月至 12 月的全球金融危机时期。

数据来源：Bloomberg，笔者计算。

图 1.4　海外股票价格与对应本地股票价格之比（百分点，周平均）

位于 100 以下。这表明印度的在岸股票价格相对便宜，而中国的在岸股票价格则相对于香港或者纽约股票价格更高。中国投资者倾向于在香港交易所或者纽约交易所购买中国公司的股票。因此，如果资本账户管制进一步放松，那么更高的上海股票价格可能造成更多的私人资本净流出，而印度的情况正好相反。截至 2013 年底，上海的股票溢价和孟买的股票折价现象已经基本消失。事实上，中国的股市一体化已经成就斐然，到 2013 年底时甚至已经略微领先于印度。

表 1.3 的数据表明，在全球金融危机之后，股票的价差呈现出缩小趋势。危机之前，在纽约交易所上市的印度股票基本上以 30% 的溢价交易，而在香港交易所上市的中国股票则基本上以超过 45%

的折价进行交易。而在危机之后，纽约交易所上市的印度公司的股票溢价低于10%，而香港交易所上市的中国公司的股票折价则低于20%。因此，我们认为，印度成功地维持了股票市场的开放程度，这与其在两个固定收益市场中的退步形成了鲜明的对照。

表1.3　　　　　　　海外股价与本地股价之比及收敛速度

	H – A 之比 41 家两地 上市公司	H – A 之比 9 家三地 上市公司	ADR – A 之比 9 家三地 上市公司	ADR – H 之比 9 家三地 上市公司	ADR – 印度之比 9 家两地 上市公司
期间平均（%）[1,2]					
危机前	53. 10	53. 30	53. 30	99. 89	128. 89
危机后	87. 67	79. 99	79. 93	99. 98	108. 07
全样本	64. 91	62. 29	62. 25	99. 91	121. 64
估计半衰期（天）[2,3]					
危机前	255	125	111	1	35
危机后	109	213	162	1	13
全样本	259	174	142	1	49

1. 海外股价与对应本地股价之比：加权平均值，中国按香港市值加权，不同地点同时上市公司的印度按国内市值加权。

2. 全样本时期范围为1999年3月15日至2013年12月31日；危机时期为2008年9月到12月。

3. 根据正文中方程（4）的估计计算。

数据来源：Bloomberg，笔者估计。

虽然在1999 – 2013年的全样本区间中，印度股票市场的国际一体化程度显著高于中国。但是，相对于香港市场和纽约市场上中国公司股票价格的高度一致而言，印度股票市场的一体化程度仍有待提高。与之类似，Levy-Yeyati et al.（2009：441）指出，新兴市场国家股票的在岸价格与离岸价格的平均价差约为0.12%，印度的股市开放度与之相比，仍存在显著差异。

表 1.3 列示了股票在岸价格和离岸价格在危机前后的收敛半衰期数据。收敛半衰期的计算如公式（4）所示（Peng et al.，2008）：

$$\Delta q_{i,t} = \alpha + \beta q_{i,t-1} + \sum \phi_n \Delta q_{i,t-n} + \varepsilon_{i,t}$$

其中，$q_{i,t}$ 表示跨境上市公司离岸价格与在岸价格之比的对数值，Δ 代表一阶差分运算。由于估计参数 $\beta < 0$，股价的收敛速度（冲击半衰期）则为 $-\ln(2)/\ln(1+\beta)$。表 3 列示了中国和印度股票市场的收敛半衰期，结果表明，金融危机之后，两国收敛半衰期均下降至危机前的一半，这意味着两国股市的一体化程度均有所增强（Ma and McCauley，2013）。依据该指标，中国股票市场的分割程度约为印度股市的 3~5 倍。事实上，与香港股票市场和纽约股票市场之间的即时套利相比[①]，孟买和纽约股票市场的联动需要数周，而香港股票市场和上海股票市场之间的联动需要数月。

对资本账户开放的启示

在本节，我们根据上述对金融工具价差的研究，分析资本账户开放的可能后果，并且重点分析中国。在资本账户开放的前提下，对中国海外资产和负债中期变动的研究中突出强调了私人资本部门证券投资与直接投资的净流出。在直接投资方面，与长期以来欢迎外国公司的姿态不同，近来中国政府开始鼓励国内企业进行对外直接投资，特别是在大宗商品生产领域。就在全球金融危机之前，中国开始放松对外证券投资的限制，迄今为止有关限制已经显著放松。然而，目前中国居民对外国股票和债券的私人投资规模依然很低。随着资本账户的开放和居民收入水平的提高，这一领域的增长潜力巨大。

---

① 新兴市场经济体的样本平均值为 1~2 天（Levy-Yeyati et al.，2009：444）。

He et al.（2012）和 Bayoumi and Ohnsorge（2013）指出，中国的资本账户开放将在中期内导致外部私人净资产的增加。两项研究预测，海外资产和负债的总头寸都会增加，但私人资产的上升将超过负债。因此，在资本账户完全开放后，中国将会面临私人资本净流出。就汇率而言，如果中国的经常账户能够保持盈余，或者中央银行通过抛售外汇储备进行干预，那么私人资本净流出未必会导致人民币贬值。

表1.4   资本账户开放对中国直接投资

及证券投资的影响（存量变动占 GDP 的百分比）

	Bayoumi and Ornsorge（2013）		He et al. （2012）I 2012	备注： 2010 年实际值
		对国内较小规模的 股票进行调整		
FDI 资产			21.6	5.3
FDI 负债			11.2	25.1
FDI 净流入			10.4	−19.8
证券投资资产	15.4 ~ 24.9	9.4 ~ 15.1	24.2	4.3
证券投资负债	1.7 ~ 9.9	1.7 ~ 9.9	16.4	3.8
证券投资净流入	10.7 ~ 8.1	4.1 ~ 8.2	7.7	0.6

数据来源：Bayoumi and Ornsorge（2013：28）；He et al.（2012：29）。

上述两项研究也有些不同之处。He et al.（2012）认为，中国的直接投资和证券投资存量受到非对称性资本管制传统（对私人部门对外投资管制更为严格，尤其在直接投资方面）、金融市场发展程度以及高经济增长率的影响。他们预测，中国直接投资净资产的增量有望达到 GDP 的 10%，高于证券投资净资产的增量规模（GDP 的8%）（表1.4）。Bayoumi and Ornsorge（2013）重点分析了证券投资。其研究认为，中国的海外总资产增量可能达到 GDP 的 10% ~ 25%，而海外总负债的增量可能达到 GDP 的 2% ~ 10%（表1.4），这将导致私人净资产的增长。证券净资产的增量约为 GDP 的 11% ~ 18%，显著高于 He et al. （2012）预测的 8%。①

政策制定者不仅应关注资本流动在中期的平衡状态或稳态，还应关注其变化的动态路径及其路径的波动性。上述两篇论文均未对规模巨大且波动性很强的银行业资本流动进行分析。这也是可以理解的，因为银行跨境资产与负债的变动模式很难通过标准的建模过程来展开分析。

此外，这些基于金融资产和负债存量的研究，忽略了价格变动在短期内对证券投资和银行资金流动可能产生的影响。因此，通过对金融工具在岸价格和离岸价格的比较分析，有助于研究资本账户完全开放情形下短期资本流动的动态。简而言之，我们发现，中国货币市场将会面临较大的净流入，与之相反，中国在中期内将会面临证券投资和直接投资的净流出。

特别是，我们在前文中已经指出，有效的资本管制将会造成在岸和离岸远期汇率的差异以及在岸和离岸短期利率的差异。因为同一种金融工具的在岸价格低于离岸价格，这种价差将会导致私人资本的净流入，而非净流出。

更进一步地，构建一个关于经过风险调整后的货币市场套利交易收益率的事前指标，有助于更加清楚地观察证券投资的流入压力。我们将短期利差除以货币期权中隐含的短期波动率，由此得到一个简单的夏普比率。图 1.5 表明，在当前的汇率波动率之下，开放的中国货币市场具有多么大的吸引力。3 个月的 Shibor 约为 5%，而相同期限的 Libor 仅为 0.25%，与此同时人民币的隐含波动率低于

---

① 如果中国国内股票市场对非流通股进行调整，同时国内债券市场对银行持有国债进行调整，那么 Bayoumi and Ornsorge （2013）对私人资产变动规模的估计将调整为 GDP 的 4% ~ 8%。任何对于证券投资净流出或私人对外净资产增长的估计，都可能受到官方出售外汇储备的行为的影响，因为这一行为将会导致私人资产组合和官方资产组合之间的再平衡。中国对外资产的私有化应被视为允许私人部门更大范围地购买外国股票和债券（Ma and McCauley，2014）的自然结果。

2%。中国货币市场无疑将对非居民产生强烈的吸引力。

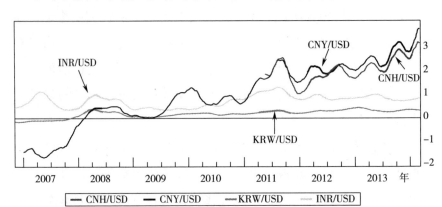

说明：对有关货币组，定义为 3 个月利差（人民币采用 Shibor，印度卢比采用 Mibor，韩元采用 91 天期存款证明，美元采用 Libor）与 3 个月平价期权隐含波动性。

数据来源：Bloomberg 与 BIS 工作人员计算。

图 1.5 夏普比率滞后 60 个交易日的移动平均

图 1.5 表明，人民币交易的夏普比率近期的平均值约为 3.5，而其他主要新兴市场国家货币的夏普比率约为 0.3 ~ 0.8。人民币显然是新兴市场货币套利交易中一个非常有吸引力的目标，这表明中国至少在短期内将会面临显著的银行和债券资金流入压力。即使自 2014 年 3 月中旬人民币汇率每日交易波幅扩大以来，人民币呈现温和贬值趋势以及汇率波动幅度有所扩大，人民币的夏普比率仍然具有相当的吸引力①。

我们已经说明了，中国固定收益市场在 3 个月期限内面临显著的流入压力。与此同时，收益率曲线也会受到影响，尽管影响程度较轻。该影响体现在，中国国债收益率从短期到中长期均高于美国国债收益率。由于中国收益率曲线较为平坦，因此随着期限的延长，

---

① 　与之相对照的是，尽管印度的货币市场利率高达 8%，孤立来看更具吸引力，然而一旦考虑到卢比兑美元汇率的波动性，这一套利交易就不再那么有吸引力。

两国收益率差距不断缩小。

近期的发展未必会削弱中国货币市场的吸引力。尽管美元利率的正常化可能缩小中美利差，但中国利率自由化进程却有望扩大利差。He et al.（2014）通过多种方法推测，中国的均衡利率可能要比当前水平高出2.5~3个百分点。利率自由化将导致中国的收益率曲线在短端上升5%~6%，而在长端上升6%~7%。美国国会预算办公室的 Laskey and Whalen（2014）指出，美联储在未来10年会把短期利率提高至3.5%，而10年期美国国债收益率将上升至5%。随着美国利率正常化和中国利率自由化的推进，两国收益率曲线将相对而言如何变化，实在难以预测。然而，中国的资本账户开放将在短期内造成资本流入压力，这一点毋庸置疑。因此，虽然国内金融自由化通常被认为是进一步对外开放金融市场的前提条件，国内金融自由化也可能对进一步金融开放构成短期挑战。

我们的研究对中国政策制定者推行资本账户自由化具有两点启示：第一，随着资本账户的逐渐开放，我们认为的短期流入压力和公认的中期流出压力形成了鲜明的对比，这意味着可能跨境资本流动将会面临较大的波动性。政策制定者需要谨慎应对这一风险释放过程。（在本书中）Ocampo 与 Erten 建议，作为资本账户开放的一种方式，中国政策制定者首先可以暂停现有的资本管制措施，但与此同时原封不动地保留各种的制度安排和管制工具。至少，更加强大和透明的报告和统计体系应该得以建立，从而保证对总体市场头寸和跨境资本流动进行及时和系统的跟踪。

第二，在资本账户显著放开之前，人民币汇率波动性应该明显增强，从而降低人民币作为利差交易目标的吸引力。2014年3月，中国人民银行将人民币兑美元汇率的日间波幅从1%扩大到2%，就是朝着这一方向迈出的重要一步：人民币的夏普比率下降了一半以上。更大的汇率风险有助于平衡短期流入压力和中期流出压力。

结　论

这里，我们将回顾上述四个假说的证据，同时提出相关的政策建议。

首先，中国和印度经济都在进一步开放。我们的价格证据对 Chinn-Ito 法定管制指数的相关性和实用性提出了鲜明的质疑。推进金融一体化有助于政策制定者获得相应的经验和信心，从而推动而非阻碍资本账户的加速自由化。

其次，我们发现印度比中国更加开放。因此，我们质疑 Chinn-Ito 指数关于中国和印度的资本管制水平大致相当的观点。此外，我们也不认可 Lane 与 Milesi-Ferretti 指数关于中国的开放程度高于印度的观点[①]。公允而言，中国的资本开放任务要比印度更繁重。

为什么迄今为止印度比中国更加开放呢？答案可能包括：印度需要资金流入来融通经常账户赤字；中国的资本管制措施更为严格；印度私人企业长期在在岸市场和离岸市场之间进行套利活动（Subramanian，2009）；印度国内银行市场中跨国银行活动更为频繁等。未来的研究需要进一步考量这些因素（Ma and McCauley，2013）。

无论造成中国和印度这一差异的原因是什么，我们的证据表明，中国的金融开放正在迎头赶上，印度的领先优势正在缩小。中国政府将推动人民币国际化作为一种政策意图，而印度则无此意图。通过发展离岸人民币银行账户和债券市场，以及允许人民币的离岸支付，人民币国际化在资本账户管制体系中打开了口子，套利交易应

[①] 我们希望，研究人员在使用这些指标时更加谨慎（甚至持怀疑态度），并且应寻找新的指标。特别是 Chinn-Ito 指标，它常常被用于其并不适用的研究。此外，我们没有理由认为，"最精细渐变"（Quinn et al. 2011：492）的 Schindler（2009）指标就不存在上述缺点。各类法律意义上的监管措施本身不能体现监管程度的高低，更不能真实地刻画现实中的监管程度。因此，基于事实意义的指标才是解决问题的关键。

运而生。事实上，人民币国际化被一些学者视为在中国推动资本账户开放的一种手段（Zhang，2014）。

第三，基于上述三种价格指标的研究，中国与印度在资本账户自由化方面都还有很长的路要走。在这两个国家，有关政策仍在割裂在岸市场和离岸市场。近年来，中国更加持续地致力于开放，或许支持了其资本账户自由化的动力。

第四，虽然多数研究认为，在资本账户开放进程中，中国的私人部门对外净资产将会增加，我们通过三个重要金融市场在岸离岸价格的对比研究指出，中国资本账户的完全开放可能造成较大的资本流入压力。特别是，尽管到 2013 年底，中国公司股票的在岸市场溢价已经基本消失，但人民币远期汇率和货币市场工具的在岸价格明显低于离岸价格。事实上，在 2014 年 3 月人民币汇率日间波幅扩大以前，人民币一直是最具吸引力的套利交易目标。放大人民币汇率波动率这一政策的潜在影响目前尚有待研究。无论在当前还是预期的收益率之下，人民币收益率曲线长端可能吸引大量的资金流入。因此，我们对金融工具价差的研究强调了中国资本账户自由化过程中的私人资本净流动的动态与波动性。

中国的政策制定者需要充分考虑资本账户自由化进程中的潜在动态与波动性。短期资本净流入和中期资本净流出的鲜明对照可能放大潜在的波动性。

在国内金融体系中，证券投资和银行资金的大量流入可能与固有的各种失衡一起，以不可预知的方式交互作用。金融失衡可能在更长的金融周期中（而非较短的商业周期中（Drehmann et al.，2012）逐渐累积。为了应对美国房地产市场泡沫破灭导致的危机，2008－2009 年中国政府主导的投资计划和信贷繁荣，已经造成中国乃至全球金融体系信贷规模的大幅提升。在全球金融危机之后，非金融私人部门的信贷规模（包括迅速增长的影子银行）占 GDP 的比率已经上升了 60% 以上。该比率在 2007 年还低于 120% ，而到 2013 年已经超过 180% 。这意味着金融脆弱性已经显著上升（Drehmann et al. ，2012）。

在更加开放的环境下，金融失衡和脆弱性可能引发资本外流。在一个美元利率偏低，人民币利率偏高，汇率预期稳定，甚至存在升值倾向的环境中，银行资本流动可能规模巨大。同样，中国金融周期一旦出现一个明确反转（目前该周期可能已处于晚期），对中国国内大规模信贷损失的预期，与美元利率的正常化相重叠，可能引发私人资本的大规模流出。与那种可能将会导致中期内中国私人部门对外净资产出现理想的、温和上升的资本流出相比，上述情形下的资本流出有着本质的不同。

考虑到上述情形，政策制定者不仅需要关注当前货币市场收益率价差及其与汇率波动性的关系，而且更需要关注中国信贷飙升可能造成的难以预计的结果。充分考虑这一风险，并非是要反对资本账户的渐进式开放，而是建议至少应该构建一个强大资本流动监测体系以避免如下悲剧的上演：有关当局最终发现，自己是盲人骑瞎马、夜半临深池。

参考文献

［1］Aizenman, J. and Sengupta, R. （2011）. "The financial trilemma in China and a comparative analysis with India", November, Mimeo.

［2］Baba, N. and Packer, F. （2009）. "Interpreting deviations from covered interest parity during the financial market turmoil of 2007 – 08," *Journal of Banking and Finance*, Vol. 33, Issue 11, pp. 1953 – 62.

［3］Bayoumi, T. and Ohnsorge, F. （2013）. "Do inflows or outflows dominate? Global implications of capital account liberalization in China," *IMF Working Paper*, No. 13/189, International Monetary Fund, Washington, DC.

［4］Chinn, M. and Ito, H. （2006）. "What matters for financial development? Capital controls, institutions, and interactions," *Journal of Development Economics*, Vol. 81, pp. 163 – 192.

［5］Chinn, M. and Ito, H. （2008）. "A new measure of financial openness," *Journal of Comparative Policy Analysis*, Vol. 10, Issue 3, pp. 309 – 322.

［6］Drehmann, M. , Borio, C. and Tsatsaronis, K. （2012）. "Characterising the financial cycle: don't lose sight of the medium term!" *BIS Working Papers*, No. 380, June, Bank for International Settlements, Basel.

［7］Frankel, J. （1992）. "Measuring international capital mobility: a review", *American Economic Review*, Vol. 82, pp. 197 – 202.

［8］He, D. , Cheung, L. , Zhang, W. and Wu, T. （2012）. "How would capital account liberalization affect China's capital flows and the renminbi real exchange rates?" *China and the World Economy*, Vol. 20, Issue 6, pp. 29 – 54.

［9］He, D. , Wang, H. and Yu, X. （2014）. "Interest rate determination in China: past, present, and future," February, Mimeo.

［10］Hooley, J. （2013）. "Bringing down the Great Wall? Global implications of capital account liberalisation in China," *Bank of England Quarterly Bulletin*, Vol. 53, Issue 4, pp. 304 – 16.

［11］International Monetary Fund（IMF）（2010）. "Measuring capital account restrictiveness: a survey of the literature", in Annual Report on Exchange Arrangements and Exchange Restrictions, pp. 48 – 51, Washington, DC: International Monetary Fund.

［12］Kohli, R. （2011）. "India's experience in navigating the trilemma: do capital controls help?" *Working Paper* 257, Indian Council for Research on International Economic Relations, New Delhi.

［13］Lane, P. and Milesi-Ferretti, G. （2003）. "International financial integration," *IMF Staff Papers*, Vol. 50 （Special Issue）, pp. 82 – 113.

［14］Lane, P. and Milesi-Ferretti, G. （2007）. "The external wealth of nations mark II: revised and extended estimates of foreign assets and liabilities, 1970 – 2004," *Journal of International Economics*, Vol. 73, Issue 2, pp. 223 – 250.

［15］Lane, P. and Schmuckler, S. （2007）. "International financial integration of

China and India" in A. Winters and S. Yusuf (eds.), *Dancing with Giants: China, India, and the Global Economy*, pp. 101 – 132. Singapore: The World Bank and Institute for Policy Studies.

[16] Lasky, M. and Whalen, C. (2014). "Economic growth is projected to be solid in the near term, but weakness in the labor market will probably persist," Congressional Budget Office Blog, 26 February.

[17] Levy-Yeyati, E., Schmuckler, S. and Horen, N. (2009). "International financial integration through the law of one price: the role of liquidity and capital controls," *Journal of Financial Intermediation*, Vol. 18, pp. 432 – 463.

[18] Liu, L. -G. and Otani, I. (2005). "Capital controls and interest rate parity: evidence from China, 1999 – 2004," Presented to RIETI/BIS/BOC Conference on Globalization of Financial Services in China, March.

[19] Ma, G. and McCauley, R. (2008a). "Do China's capital controls still bind?" in B. Eichengreen, Y. -C. Park and C. Wyplosz (eds.), *China, Asia, and the New World Economy*, pp. 312 – 40, Oxford: Oxford University Press.

[20] Ma, G. and McCauley, R. (2008b). "Efficacy of China's capital controls: evidence from price and flow data," *Pacific Economic Review*, Vol. 13, Issue 1, pp. 104 – 123.

[21] Ma, G. and McCauley, R. (2013). "Is India or China financially more open?" *Journal of International Money and Finance*, Vol. 39, pp. 6 – 27.

[22] Ma, G. and McCauley, R. (2014). "Global and euro imbalances: China and Germany," *China and World Economy*, Vol. 22, Issue 1, pp. 1 – 29.

[23] Ma, G., Ho, C. and McCauley, R. (2004). "The markets for non-deliverable forwards in Asia," *BIS Quarterly Review* (June), pp. 81 – 94.

[24] McCauley, R., Shu, C. and Ma, G. (2014). "Non-deliverable forwards: 2013 and beyond," *BIS Quarterly Review* (March): 75 – 88.

[25] McGuire, P. and von Peter, G. (2009). "The US dollar shortage in global banking," *BIS Quarterly Review* (March): 47 – 63.

[26] Mancini, T. and Ranaldo, A. (2011). "Limits to arbitrage during the crisis: funding liquidity constraints and covered interest parity," Ms, Swiss National Bank.

[27] Misra, S. and Behera, H. (2006). "Non-deliverable foreign exchange forward market: an overview," *Reserve Bank of India Occasional Papers*, Vol. 27, Issue 3, pp. 25 – 55.

[28] Otani, I. and Tiwari, S. (1981). "Capital controls and interest rate parity: the Japanese experience, 1978 – 81", *IMF Staff Papers*, Vol. 28, Issue 4, pp. 793 – 815.

[29] Peng, W. , Miao, H. and Chow, N. (2008). "Price convergence between dual-listed A and H shares", *in Macroeconomic Linkages between Hong Kong and Mainland China*, H. Genberg and D. He (eds.), pp. 295 – 315. Hong Kong: City University of Hong Kong.

[30] Quinn, D. , Schindler, M. and Toyoda, A. M. (2011). "Assessing measures of financial openness and Integration", *IMF Economic Review*, Vol. 59, Issue 3, pp. 488 – 522.

[31] Reserve Bank of India (2006). "Report of the Committee on Fuller Capital Account Convertibility" [the Tarapore Report], July.

[32] Schindler, M. (2009). "Measuring financial integration: a new data set", *IMF Staff Papers*, Vol. 56, Issue 1, pp. 222 – 238.

[33] Subramanian, A. (2009). "Discussion: resisting financial globalization in Asia", in Financial Globalization and Emerging Market Economies. Proceedings of an International Symposium Organised by the Bank of Thailand, Bangkok, 7 – 8 November 2008, pp. 223 – 226.

[34] Zhang, M. (2014). "Whether China should accelerate capital account liberalisation now?", *Policy Discussion* No. 2014. 001, Chinese Academy of Social Science, Research Centre for International Finance.

第二章　资本账户自由化

——日本经验及对中国的启示

Kenji Aramaki（荒卷健二）

摘　　要

自 20 世纪 60 年代至 90 年代，日本用了近 40 年的时间完成资本账户自由化。这一过程的主要特征包括：谨慎安排自由化顺序、利用银行管理外汇资金，以及对日元国际化的中性态度。在此期间，日本频繁使用各项管制措施以平抑 20 世纪 60 年代至 70 年代资本流动的波动。中国在维持整体管制的同时，正在逐步放松对资本账户交易的管制。然而，进入 21 世纪后，中国资本账户自由化步伐显著加快了，特别是人民币国际化步伐。借鉴日本经验，中国需要回答以下三个问题：第一，中国打算如何控制伴随自由化而来的风险？资本流动的不稳定似乎已经成为中国的现实。第二，为什么中国要推进人民币国际化？这是基于经济上的成本收益以及风险的考虑，还是基于政治考量？第三，如果中国不能放弃货币政策独立性，那么应该在稳定汇率与资本自由流动之间选择哪一个目标？

日本的资本账户自由化

资本账户自由化的过程及其特征

法律框架及其主要特点

第二次世界大战结束后，日本有两部监管资本流动的法律。其一是外汇与外贸管理法（《外汇法（1949）》），对外汇与外贸作出了详细规定；其二是关于外国资本的法案（《外国资本法（1950）》），目的在于增加流入本国的高质量的长期外国资本，同时监管日本的外汇与资本账户交易。这种监管框架将进口置于审批体系之下，具有非常明显的约束性特点，包括：

（1）除内阁与内部法令批准或特殊授权以外，原则上执行禁止自由化的原则；

（2）实施外汇集中管理体系，政府集中控制所有外汇资金；

（3）采取外汇预算体系，监管进口项目与数量；

（4）利用授权的外汇银行控制外汇和资本账户交易。

整体过程

一个三阶段的金融自由化（或金融自由化的三个阶段）。日本实质性的资本账户自由化从20世纪60年代早期开始，90年代后期完成，用了将近40年的时间。整个过程可以划分为以下三个阶段。

第一阶段：贸易和经常账户交易的自由化

1960年，政府通过了"贸易与外汇自由化基本计划"，计划在两年内提高进口自由化程度，以及实施经常账户交易的自由化。

1964 年，日本进口自由化率达到西方国家同等水平。当年 4 月，日本接受了 IMF 的第八条款，废除了外汇预算系统，原则上实施了经常账户自由化。

第二阶段：逐步自由化与转向全面自由化的转折点

之前提到的基本计划显示了日本资本账户自由化的谨慎态度，简单表述为资本管制将逐步放松。在这一立场下，包括外国直接投资与证券投资在内的交易从 20 世纪 60 年代后半叶起开始逐步自由化。1972 年 5 月，外汇集中管理体系被废除，居民被允许自由持有外汇。接着在 1979 年 12 月，《外汇法》进行了大幅修改，外国资本法与管制原则从全面禁止转变为全面自由化。例如，许多交易从审批制转变为事前申报制（prior notification system）。

第三阶段：废除剩余的限制并完成资本账户自由化

尽管 1979 年的改革使得资本账户逐渐开放，但居民之间以外国货币标价的借贷等交易，仍然需要获得批准。其他一些交易，包括跨境发行证券，则需要事前申报审核（examination）。根据审核结果，有问题的交易将被禁止一段时间，推迟或改变交易顺序。此外，一个紧急措施体系得以建立，在此框架下可能对资本账户交易引入审批要求。这些规定旨在对不太可能发生的负面事件保留管制框架，同时维持对自由化原则的承诺。紧急措施从未使用过。在 1997 年 5 月，《外汇法》的另一修正案作出大量修订，包括全面废除资本账户交易的审批与事前申报体系，自由化外汇业务，同时保留紧急措施，从而完成了日本资本账户自由化。

在这三个阶段，早先提到的战后管制框架的特点全部被消除（或者被实质性修改）：外汇预算体系（1964 年取消）；外汇集中体系（1972 年取消）；全面禁止体系（1979 年修正案取消）；利用授权外汇银行作为管理工具（1997 年修正案大幅削减银行管理功能）。

自由化过程的主要特征

日本资本账户自由化过程的主要特征如下（表2.1）。

表2.1　　　　　日本外汇及资本账户交易自由化次序

	贸易	外汇及资本账户交易	金融
20 世纪 40 ~ 50 年代 建立单一汇率（1 美元 = 360 日元）（1949 年 4 月）	政府管理全部贸易（1945 年 12 月） 《外汇法》规定：①进口需经审批程序；②采用外币预算系统	根据《外汇法》（1949 年 12 月），①外汇和资本账户交易全面禁止，仅在特例情况下允许；②采用外汇集中系统；③使用授权外汇银行作为管理机制	（控制存款利率，专业金融机构体系）
20 世纪 60 年代 加入经济合作与发展组织（OECD）（1964 年 4 月） 贸易差额开始稳定转为盈余（从20 世纪 60 年代中期开始）	内阁通过"贸易和外汇自由化基本方案"（1960 年 6 月），目的在于在三年内将进口自由化程度（1960 年 4 月为 40%），提高到约80% 进口自由化率达到93%（1964 年 4 月）（达到西方国家水平）	根据"基本方案"，经常账户交易在两年内实现自由化，资本账户管制逐步放松 放开对外支付中的日元使用（1960 年 7 月） 引入非居民日元自有账户（1960 年 7 月） 日本接受 IMF 第八条款（1964 年 4 月） 外汇预算废止（1964 年 4 月） "对外资开放第一揽子政策"（1967 年 6 月）（开始对内外商直接投资的主要自由化进程） 放松对日本股票的证券投资管制（1967 年 6 月） 引入日元兑换限额（1968 年 2 月） 开始对外直接投资的自由化进程（1969 年 10 月）	

续表

	贸易	外汇及资本账户交易	金融
20 世纪 70 年代 "尼克松冲击" （1971 年 8 月 15 日） 日元试探性自由浮动（1971 年 8 月 27 日） 史密森协定（1971 年 12 月 18 日）；1 美元设定为兑换 308 日元（1971 年 12 月 19 日） 日元浮动（1973 年 2 月 14 日） 第一次石油危机（1973 年 10 月） 第二次石油危机（1978 年 12 月）	进口自由化率达到 95%（1972 年 4 月）（进口自由化基本完成）	开始对外证券投资自由化进程（1970 年 4 月） 废止外汇集中系统（1972 年 5 月） 对外直接投资原则上实现自由化（1972 年 6 月） 完成对内外商直接投资自由化（1975 年 6 月） 《外汇法》全面修订（1979 年 12 月）（转变为资本账户交易自由化的一般原则，对特定交易采取审批/事前通知体系，引入紧急措施）	引入存款证（其利率放开）（1979 年 5 月）（存款利率自由化开启）
20 世纪 80 年代 "日元—美元委员会"报告（1984 年 5 月） 广场协定（1985 年 9 月）		欧洲日元借贷放开（1983 年 6 月到 1986 年 7 月） 撤销外汇远期交易的实际需求规定（1984 年 4 月） 对外日元贷款放开（1984 年 4 月） 撤销日元兑换限额（1984 年 6 月） 允许非居民发行日元债券（1984 年 12 月）	
20 世纪 90 年代		修订《外汇法》（1997 年 5 月）［审批/事前通知体系原则上取消，改为事后报告体系，放开外汇业务（授权外汇银行体系废止）］	颁布《金融系统改革法》（1992 年 6 月）（允许银行、证券公司、信托银行通过建立子公司模式进行混业经营）

续表

	贸易	外汇及资本账户交易	金融
20世纪90年代		修订《外汇法》（1997年5月）［审批/事前通知体系原则上取消，改为事后报告体系，放开外汇业务（授权外汇银行体系废止）］	完成利率自由化（1994年10月）允许一般银行发行债券（1999年10月）（长期和短期金融机构隔离体系废止）

根据交易类型谨慎安排自由化顺序

根据交易类型，自由化的顺序有如下特点：

• 在经常账户交易自由化之后，才实施资本账户交易实质性的自由化；

• 对内投资自由化领先于对外投资自由化；

• 自由化从直接投资开始并拓展到其他交易；

• 谨慎对待某些交易，例如跨境证券发行；

利用外汇银行作为外汇管制机制

在《外汇法》下，由监管机构授权的外汇银行扮演了主要的管理角色，可以追踪海外交易并验证其法律适当性。即使是在1979年改革之后，这些功能也被基本保留。如果授权外汇银行或指定证券公司实施了存在疑问的交易，修订法案也包含审批要求或事前申报的条款。在1997年改革之后，废除了授权外汇银行体系，利用银行作为外汇管理机制的做法才显著减少。

日元国际化的中性立场

在日元国际化问题上，日本早在1960年7月就引入了非居民自由日元账户（free yen account），而且允许使用日元对外支付，还是日本自由化仍处早期阶段。非居民可以将经常账户收入或者向银行出售外汇获得的日元存入该账户。通过这种处理，第一次打开了短期资本流入的渠道。

日元国际化在20世纪70年代逐步推进，但日元的国际化使用水平仍然相对较低。政府当时的态度似乎是比较中性的，认为日元国际化是日本经济国际化与自由化的结果，政府不应该采取措施推进。在这种立场背后，可能存在一种担心，即非居民持有本国货币会给国内金融与汇率带来混乱。

1984年5月的《日元—美元委员会报告》引起了对日元国际化的激烈辩论。美国认为，日元兑美元汇率问题导致日美之间贸易失衡，是由于封闭的日本金融与资本市场导致汇率缺乏合理估值，因此日本需要对其金融与资本市场进行自由化，以及将日元国际化。对于金融与资本市场自由化，日本认为自由化有利于日本经济，因此日本自身有较大动力。但对于日元国际化，日本的立场大致可以描述为"自然演进"的方法，认为日元国际化是交易相关方自然选择的结果，政府的作用仅仅是消除各方使用日元的障碍。

日本实施了报告中的措施，日元国际化在20世纪80年代后半叶取得了一定的进展。然而，在日本经济停滞的背景下，日元的国际维持在较低水平，并且在20世纪90年代有所下降。从1998年以后，政府采取的立场是推进日元的国际化以增强日本金融与资本市场的竞争力，尽管这些目标并未充分实现。

对不稳定资本流动的管制响应

概述

从20世纪60年代到70年代，当实质性的资本账户交易自由化实施以来，国际金融市场发生了剧烈波动，日本经济面临极不稳定的资本流动，因此政府被迫应对不稳定性（图2.1）。

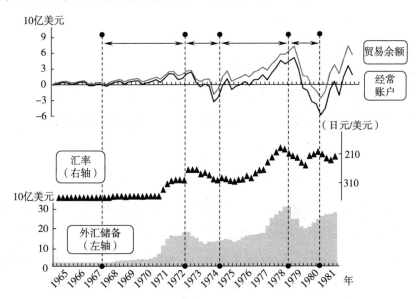

数据来源：日本财务省《国际收支》，IMF国际金融统计。

图2.1　1965－1981年日本资本管制与国际收支、汇率和外汇储备变化

对资本流动不稳定的管制反应

对围绕"尼克松冲击"产生的短期资本流入的响应：时期1和时期2（1965－1975年）

虽然第二次世界大战后的管制框架鼓励资本流入，但是控制资本流入成为20世纪60年代后期的主要政策议程。

授权外汇银行是20世纪60年代早期短期资本流入的主要通道，但在20世纪60年代后期引入管制后，外部短期债务需要提供外汇储备、外国短期借款头寸面临限制。1968年2月，日本设立了日元兑换限制（一种空头头寸限制），将可以兑换为日元的外汇资产价值设置了最高限额。

然而，尽管有这些措施，短期资本流入依然经历了突然上涨。这些流入总体上有三种形式：

（1）开设自由日元账户；

（2）非居民购买政府/企业债券；

（3）出口预付款大量流入。

作为应对，政府对自由日元账户头寸引入了最高限额，从法律上禁止非居民获取某些证券或者将外汇预付款兑换为日元。

第一次石油冲击后开始鼓励资本流入：时期3（1975－1979年）

大多数管制措施开始放松。在转向浮动汇率后，日本的国际收支平衡出现严重恶化，经济扩张政策引起通货膨胀上升，而且在1973年10月第一次石油危机爆发后，日元开始显著贬值。面对形势的发展，政府的外汇管理政策出现了180°的转弯，转而鼓励资本流入，例如显著降低了自由日元账户中增量资金的存款准备金率。

短期资本大幅流入导致重新加强资本流入限制：时期4（1979－1981年）

1974年后半年，日本的经常账户几乎恢复平衡，管制因而相应放松。然而，从1977年10月起，大量短期资本再度流入日本，资本流入的限制措施因此重新加强，包括对非居民自由日元账户的增量资金征收50%的存款准备金（1978年增加至100%）。

第二次石油危机导致日元下跌，引起政策转向鼓励资本流入

当1979年第二次石油冲击发生时，日元进入下行通道，随后政府采取措施鼓励资本流入，包括降低自由日元账户存款准备金率（100%到50%，然后到1%）。

后来的情况

从20世纪60年代末直至整个70年代，为了防止严重冲击之下短期资本流动扰乱市场，政府实施了一系列外汇和资本账户交易管制政策。但是这些政策也饱受国内外批评。

总　　结

日本经验的要点如下：

● 实质性的资本账户自由化始于 20 世纪 60 年代早期，完成于 20 世纪 90 年代晚期，用了将近 40 年的时间。这一自由化进程经历了三个阶段：经常账户自由化、转向全面自由化体系，以及废除剩余限制；

● 在资本账户交易方面，对内投资自由化通常先于对外投资自由化；直接投资自由化先于其他投资自由化；此外谨慎对待高风险投资，直到自由化的最后阶段；

● 在整个自由化过程中，授权外汇银行被用作有效的外汇管理机制；

● 非居民自由日元账户在较早阶段就被引入，后来变成了短期资本流入的关键渠道。证券投资与贸易相关的支付也成为短期资本流动的关键渠道；

● 为了管理短期资本流动而频繁地采用管制措施，似乎对防止市场动荡有一些效果；

● 对于日元国际化，尽管早在 1960 年就允许使用日元清算，部分回应美国的要求，政府移除了日元国际化的障碍，但日元的国际使用水平仍无法与日本的经济规模匹配。

对中国的启示

中国资本账户自由化的特征及与日本的共同之处

20 世纪 80 年代中期，即 1978 年改革开放后的几年，中国的对外交易完全由国家控制。1996 年，中国对经常账户实施自由化交易，并且渐进地推进资本账户交易的自由化。

对照日本自由化过程的三阶段，中国自由化已经走过了第一阶段，正处于第二阶段。考虑到自由化过程的特点，中日有许多共同之处，包括采用渐进方式、根据交易类型安排自由化顺序，如对内投资优先、谨慎对待高风险的投资等。中国的自由化进程在进入 21 世纪后明显提速，其突出的特点是，人民币国际化的步伐明显比其他领域的自由化更快。

日本经验的启示

（a）风险控制

在资本账户自由化的过程中，最重要的是要控制伴随而来的风险。根据交易类型的差异，资本流动的不稳定性并不完全相同，在日本的经验中，不稳定的资本流入主要来源于外资银行的资本流动、非居民的证券购买，以及与贸易相关的资本流动。以下是关于风险控制的重要方面：

第一，如果资本账户交易只通过包括银行在内的金融机构完成，管理不稳定资本流动的有效性将会增强。

第二，在非稳定资本流动的自由化过程中，应该弄清楚以下问题，即一些间接的监管措施（比如准备金率或外汇头寸限制）在资本流动管理上是否充分且有效。在日本的案例中，震荡时期直接的数量型措施可以有效地影响短期资本流动。此外，还必须决定是否为风险资本流动保留数量型管制工具。

第三，正如日本 1979 年的改革，必须考虑保留管制体系以应对不太可能发生的负面事件。基于此，值得注意的是，中国将如何处理与美国的双边投资协议谈判。在与新加坡和智利的谈判中，美国坚决要求全面放弃资本交易管制，并将其变成了主要议题。

对于风险控制，应该注意泰国在亚洲金融危机前后的例子，短期资本流入和流出的最大来源是"其他投资"，这主要由银行信贷组成（图2.2）。

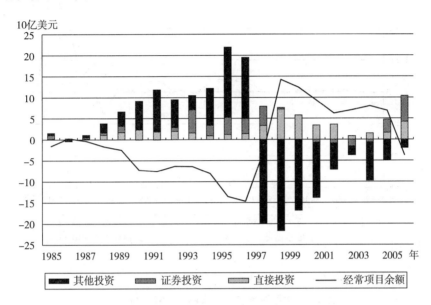

数据来源：IMF 国际金融统计。

图 2.2　泰国国际收支

受亚洲货币危机影响较小的国家（中国、越南和印度）均拥有限制银行外国借贷的数量型管控体系。中国在1998年经历了"其他投资"引起的437亿美元的资本流出（其形式主要是贸易信贷），而针对银行外国借贷的数量型控制帮助中国缓冲了危机的影响。

然而，中国的情形已经发生改变。2012年，中国经历了高达2 600亿美元的"其他投资"巨额流出。资本流出的主要部分是货币与存款（63.1%），其次是贷款（31.6%），只有7.5%是贸易信贷。其他投资项下资本流动的波动率已经显著增加，这些资本流动有突然逆转的可能性。如果非居民获准根据对未来人民币汇率变动等因素的预期变化来持有人民币，将进一步恶化国际资本流动。

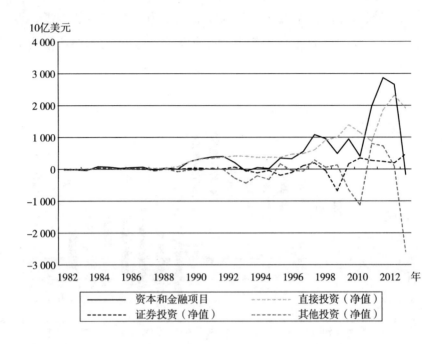

数据来源：国家外汇管理局，中国政府。

图 2.3 中国资本和金融项目（1982－2012 年）

（b）人民币国际化

如前所述，增加人民币在国际交易中使用的自由化步伐，要显著快于其他领域。在推进人民币国际化的过程中，有必要允许非居民持有和自由支配人民币。受日元自由化经验的启发，非居民自由持有人民币将导致资本流动的突然升降，严重影响金融机构的流动性头寸与外汇汇率的稳定性，也会削弱货币政策的有效性。

更进一步，正如日元—美元委员会的讨论所观察到的，独立于国内金融与资本市场自由化的货币国际化很难推进。我们可以注意到，从 1979 年启动的利率自由化于 1994 年完成，这与资本账户自由化的第三个阶段部分重叠。对特定的金融机构（即商业银行与长期信贷银行之间）的分割，在 20 世纪 90 年代末被废弃。资本账户自由化意味着消除国际市场与国内市场之间的障碍，从而使国内市

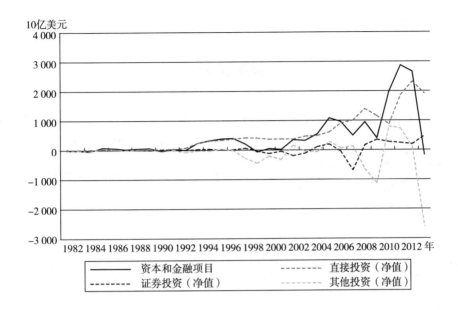

10亿美元

数据来源：国家外汇管理局，中国政府。

图2.4　中国其他投资下细项（1982－2012年）

场自由化不可避免。

此外，推进人民币国际化的政策目标需要清晰地界定。是为了基于收益、成本与风险计算的经济目标呢，还是为了强化国家治理的政治目的呢？

（c）外汇汇率决定体系

国际金融的"不可能三角"表明，不可能同时达到以下三个目标：汇率稳定、资本自由流动和独立的货币政策。换句话说，一国不得不从这三个目标中选择两个。如果假设中国作为大型经济体拥有自身的经济周期，像日本一样不能放弃独立的货币政策，那么将不得不在资本自由流动与汇率稳定之间作出选择。由于这不是非黑即白的选择，可能存在一个中间状态，因此笔者最后想问，中国政府是否已经准备根据资本账户自由化的时间表来修改其当前非常稳定的汇率机制（国际货币基金组织将其划分为爬行盯住汇率体系）呢？

参考文献

［1］Kenji Aramaki（2005）. "Sequencing of Capital Account Liberalization-Japan's experiences and their implications to China," *Public Policy Review*, Vol. 1, No. 2, PRI, Ministry of Finance, Japan.

第三章 拉丁美洲资本账户开放的经验

José Antonio Ocampo（何塞·安东尼奥·奥坎波）

Bilge Erten（比尔吉·尔顿）

引 言

自 20 世纪 70 年代中期起，拉丁美洲就是国际金融繁荣—萧条周期的经常性受害者之一。当然，故事的关键之一在于，这一地区的国家是如何管理这些金融周期的。这包括资本账户与国内金融市场开放或管制的重要阶段，以及迥异的宏观经济政策，即使对同一国家的不同时期而言。从这些经历中，拉丁美洲地区究竟积累了哪些教训，这一问题面临着重要争议（Ffrench-Davis and Griffith-Jones, 2011）。

本章简要分析了拉丁美洲在国际金融的惊涛骇浪中航行的经验，以及资本账户开放的效果。本章主要聚焦于拉丁美洲七个最大的经济体（以下简称 LA7）：巴西、墨西哥两个该地区最大的经济体，以及阿根廷、智利、哥伦比亚、秘鲁和委内瑞拉五个中等规模的经济体。本章分为四个部分：第一部分为引言，第二部分介绍了国际金融繁荣—萧条周期以及与其相关的资本账户管制和开放的历史，第三部分则更仔细地分析了自 20 世纪 70 年代中期以来的四次资本账户繁荣，最后一部分是结论。

资本账户的波动性与管理

图 3.1 展示第二次世界大战之后资本流入拉丁美洲的历史。它粗略地体现了以净资本流动减去相关资本服务（例如利息支付和利润汇出）而得到的净资源转移。在 20 世纪 60 年代欧元美元市场形成以前，国际私人融资规模有限，加之官方融资供给不足，因此直到 20 世纪 60 年代中期，拉丁美洲的资本流入规模都非常小。在 60 年代末期以及 70 年代初期，资本流入逐渐增加，但直到第一次石油冲击后才规模飙升，当时拉丁美洲成为石油美元再循环最受欢迎的目的地之一。

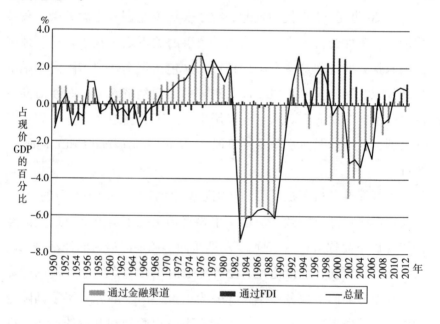

数据来源：笔者基于拉丁美洲与加勒比地区经济委员会（ECLAC）数据估计。

图 3.1　净资源转移（1950 – 2012 年）

自 20 世纪 70 年代起，拉丁美洲经历了四轮金融周期①。前两轮均为剧烈的繁荣—衰退周期。第一轮周期始于 20 世纪 70 年代中期，最终被 1982 年 8 月墨西哥债务违约事件爆发后的资本突然大规模流出所中断，而墨西哥债务违约事件也触发了 20 世纪 80 年代的拉丁美洲债务危机。在第一次繁荣期内，主要的融资机制是来自商业银行的辛迪加贷款。资源转移的转向令人印象深刻：从繁荣期内占 GDP 2% 的资本净流入，转变为债务危机时期占 GDP 6% 的资本净流出。第二轮周期始于拉丁美洲债券市场的建立（这是 1989 年 "布雷迪计划" 的副产品），结束于东亚金融危机传染至拉丁美洲之时，特别是 1998 年 8 月俄罗斯违约之后。本次繁荣曾被 1994 年 12 月的墨西哥危机短暂打断。但这一轮危机之后的国际资本逆转程度要比上一轮危机温和一些：从顶峰期占 GDP 1% ~2% 资本净流入，转变为 1999 - 2003 年占 GDP 3.5% 的资本净流出。此外，在本轮周期中，大量的 FDI 流入缓解了衰退过程中的资本流出。

与前两轮重要的繁荣—衰退周期相比，最近两次周期就程度而言要轻微得多。第三次周期始于 21 世纪初，结束于北大西洋金融危机，特别是 2008 年 9 月雷曼兄弟公司的倒闭。第四轮危机始于 2009 年第二季度，并从 2013 年 5 月美联储宣布逐步退出量化宽松政策起就开始减弱。

和世界上大多数国家相同，在第二次世界大战结束之后的第一个十年内，拉丁美洲实施着严格的外汇交易和资本账户管制。在大国中，只有墨西哥和委内瑞拉例外。前者自 IMF 成立之初起就接受了经常账户可兑换条款，后者则坐拥丰富的石油资源。

图 3.2 比较了自 20 世纪 70 年代以来，LA7 在资本账户管制力度方面与新兴市场经济体（EMEs）平均水平的差别。负的 Chinn-Ito 指

---

① 自 1980 年后的分析，请参见 Bustillo and Velloso（2013）。

数表示资本账户开放程度①（单个国家的指数值详见附表 A.1）。图上显示的两个资本账户自由化的时期，正好与 20 世纪 70 年代后半期至 20 世纪 80 年代早期以及 1992 - 1997 年的两个资本流动繁荣期相互匹配。在第一个资本账户自由化时期，阿根廷、智利和秘鲁在资本账户开放方面与墨西哥和委内瑞拉同步，而巴西和哥伦比亚则相对封闭。平均而言，LA7 在 20 世纪 70 年代中期比新兴市场经济体管制更多，但前者在 20 世纪 80 年代早期则变得更加开放。一些国家的资本账户自由化进程与国内金融自由化进程相匹配，例如阿根廷和智利。第一次资本账户开放阶段结束于 20 世纪 80 年代的债务危机，该次危机导致一些传统的自由化倡导者（例如墨西哥和委内瑞拉）都加强了资本账户管制。

20 世纪 90 年代资本账户自由化所涉及的国家更广泛，就连巴西和哥伦比亚都投身其中。尽管如此，这两个国家和智利一起，创建了管理资本流动的新型工具。巴西建立了对资本流动征税的体系，而智利和哥伦比亚则出台了针对资本流入的无息存款准备金（Unre-munerated Reserve Requirements，URRs）制度。这些工具与其他外汇交易管理措施（例如对国内外币存款的限制）配合实施。相反，阿根廷和秘鲁最终实施了半美元化的国内金融体系，这是两国 1989 年和 1990 年恶性通货膨胀的遗产。巴西虽然也在 20 世纪 90 年代早期经历了恶性通货膨胀，却没有采用这种制度。另外四个国家并未经历恶性通货膨胀②，也未建立半美元化的国内金融体系。总体而言，作为 20 世纪 90 年代自由化的结果，拉丁美洲的资本账户重新回到了比新兴经济体平均水平更为开放的状况。

---

① 见 Chinn and Ito (2008)。需要其他信息，请见 http://web.pdx.edu/~ito/Chinn-Ito_website.htm。

② 智利在 1973 年至 1976 年曾经历了三位数的通胀，墨西哥在 1987 年至 1988 年、委内瑞拉在 20 世纪 80 年代晚期一度接近但没有最终经历恶性通货膨胀。

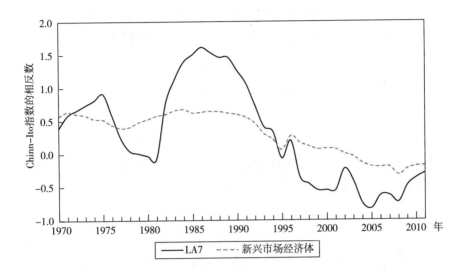

数据来源：Chinn-Ito 资本账户开放指数之相反数。http：//web. pdx. edu/ ~ ito/Chinn-Ito_
website. htm。

图 3. 2 LA7 与新兴市场经济体（EMEs）的资本账户管制程度

与 20 世纪 70 年代及 20 世纪 80 年代早期的自由化相比，本次自
由化只在阿根廷和委内瑞拉出现了倒退，前者是由 2001 – 2002 年可
兑换体系的崩溃和外债违约所导致的，这一事件也终结了阿根廷半
美元化的金融体系。相比之下，智利进一步地开放了资本账户，并
从 20 世纪 90 年代晚期起就停止使用无息存款准备金制度，这在一
定程度上是由与美国签署的自由贸易协定（FTA）所导致的。在资
本账户繁荣的 2003 – 2008 年，随着阿根廷和委内瑞拉不断加强管
制，那些进一步开放资本账户的国家和加强资本账户管制的国家之
间的差距不断扩大。然而在 2007 – 2008 年，哥伦比亚重新启用了无
息存款准备金制度。不过，由于最近哥伦比亚与与美国签署了自由
贸易协定，未来实施上述制度将会面临更多限制。秘鲁也开始通过
对金融体系内的美元存款、国内银行短期海外借贷（从 2004 年起）
以及本币存款实施差别性的准备金要求来积极管理资本流入。换言

之，当美元存款或短期美元借款上升时，有关部门就提高对这些负债项目的准备金要求，反之则降低要求。在北大西洋金融危机后，巴西也开始积极使用其主要的监管工具，即对资本流动征税。

图 3.3 更加具体地展示了自 20 世纪 90 年代中期以来资本账户管制的演进路径，主要包括四种管制措施的演变：一是资本流入管制；二是资本流出管制；三是外汇相关管制；四是金融部门管制[①]。前两种措施涵盖了对六类资产的管制，包括货币市场工具、债券、股票、金融信贷、集合理财工具与直接投资。第三种措施涉及当地使用外汇放贷、购买本地发行的外币证券、对外汇存款账户的区别对待，以及对外汇头寸的限制。最后一种措施是对非居民和居民账户的区别对待，对海外借款的限制，以及在维持海外账户方面的限制性规定。

如图 3.3 所示，得到最广泛应用的工具是外汇相关管制，而且拉丁美洲国家比其他新兴市场经济体应用得更加广泛。应用最少的是金融部门管制，而且拉丁美洲国家比其他新兴市场经济体应用得更少。最早的转向出现在外汇相关管制，在 20 世纪 90 年代晚期的危机期间，这些管制措施的使用逐步增加。对资本流入与流出的管制在 21 世纪初一度有所下降，但最终也发生了转向，在北大西洋金融危机爆发之后，这些管制措施的使用明显增加。对资本流动管制措施的使用近期明显增加，使得拉丁美洲国家与新兴市场国家的平均水平相比，当前对资本流动的管制更加严格。从资本流动管制的演变来看，阿根廷和委内瑞拉显著加强了资本管制，其他国家的资本管制也有所加强，但相对而言更加温和。因此，拉丁美洲已经不再是一个资本账户相对开放的区域了（图 3.2）。

拉丁美洲地区的特点是对资本账户自由化和管制均有丰富经验。这种对比在阿根廷与委内瑞拉之间，以及巴西与哥伦比亚之间，尤

---

① 前两个指标由 Schindler（2009）创建，后两个来自 Ostry et al.（2012）。这里使用的是我们自己对这些时间序列的更新（Erten and Ocampo, 2013）

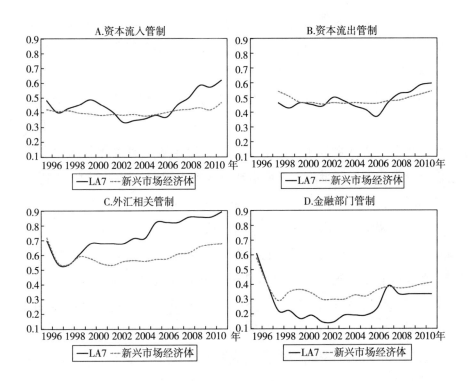

数据来源：由 Erten and Ocampo（2013）更新，数据来自 Schindler（2009）和 Ostry et al.（2012）。

图3.3 拉丁美洲和新兴市场经济体（EMEs）的资本流动管制（指数值）

为鲜明。前者从资本账户自由化转为严格管制的体系，后者却恰好相反。智利故事的周期性更强，墨西哥和秘鲁自 20 世纪 90 年代以来变得更为自由化。只有 20 世纪 80 年代的债务危机时期才是拉丁美洲国家普遍实施资本流动管制的时期。

然而，尽管自由化在 20 世纪 90 年代变得更为广泛，LA7 继续在特定时期采用一些形式的管制措施，墨西哥则是唯一的例外。

资本账户自由化和管制的经验教训

要从拉丁美洲国家多样化的经验中吸取教训，最好集中观察外部融资大量流入时期产生的问题。教训之一是，在外部融资繁荣时期进行的自由化，可能导致破坏性的结果。20 世纪 70 年代至 20 世纪 80 年代早期，以及 20 世纪 90 年代的两次自由化，均以大型危机告终。受到拉丁美洲经验的启发，20 世纪 80 年代的研究主要围绕对外开放的"次序"（sequencing）问题，提出贸易自由化应该早于资本账户自由化（例如 Edwards，1984）。资本账户自由化和国内金融体系自由化的同时推进，可能造成巨大的不稳定。20 世纪 80 年代以来的经验显示，危机通常是"三重"的，包括外债偿还困难、主要汇率大幅调整与国内金融体系崩溃。债务危机在 19 世纪就曾频繁爆发；而包含债务危机与汇率危机的"双重危机"，自第一次世界大战以来变得非常普遍，尤其是自 20 世纪 30 年代的"大萧条"以来。但"三重"危机是在 20 世纪 80 年代才初次登场的（Bértola and Ocampo，2012）。它们通常伴随着国内衰退，在一些案例中，经济衰退又与本币名义汇率剧烈贬值造成的通货膨胀压力交织在一起。在 20 世纪 80 年代，这些现象在拉丁美洲地区尤其显著，使五个国家陷入了恶性通货膨胀。

外部融资繁荣反映在经常账户赤字上，后者通常又与汇率升值以及国内信贷扩张有关。由于经常账户赤字对应国内储蓄投资失衡，因此经常账户赤字往往与投资繁荣与消费繁荣（国内储蓄下降）相匹配。当然，支配性国内失衡的性质至关重要，因为这对未来的增长和偿还外债能力有着完全不同的影响。这些失衡在自由化时期尤其难以进行管理，因为此时国内外投资者均对外部负债具有"过度需求"，这将造成"百万富翁的舞会"——这个词用来特指哥伦比亚在 20 世纪 20 年代出现举借外债浪潮。有关各国政府也没有或很少有经验来应对自由化造成的国内影响。而且即使它们有经验，它们也可能会允许"舞会"继续举行，并声称"这次不一样"（就像 Reinhart 与 Rogoff（2009）那本畅销书的书名一样）。当然，政府这样做也源自既得利益集团的推动。

20世纪80年代的拉丁美洲债务危机是这些问题的最佳范例。图3.1显示的从零到正的净资源转移，对应的恰好是不断扩大的经常账户赤字。只有两个例外：一个是委内瑞拉，作为拉丁美洲地区最重要的石油出口国，这些年还保持着经常账户盈余；另一个是哥伦比亚，在1975–1978年的"咖啡热潮"中实施了强有力的逆周期政策，包括对外债额度的管制。这些措施在20世纪80年代的债务危机中获得了丰厚的回报，因为该国是拉丁美洲地区外债占GDP比率最低的国家。

在国内，与经常账户逆差对应的情况通常是投资激增（拉丁美洲地区的整体状况如图3.4所示）和国内储蓄的下降，在阿根廷、智利和委内瑞拉尤其如此①。前两者在20世纪70年代经历了最为剧烈的国内金融自由化改革，由此导致了第一次大规模银行危机（和乌拉圭一起）。在谈及"南锥国家"②（the Southern Cone）早期的国内金融自由化时，Diaz-Alejandro（1985）在他最著名论文的标题中就写道，"挥别金融管制，迎来金融危机"。危机的财政成本占阿根廷GDP的55.1%，以及智利GDP的42.9%（Laeven and Valencia，2008）。在阿根廷，财政成本还包括对国内金融体系的损失进行大规模的货币化融资，从而导致了债务危机初期三位数的通货膨胀率。③

资本账户开放也对资本外逃大开方便之门。三个资本账户开放的国家——阿根廷、墨西哥和委内瑞拉——都在债务危机之前和早期经历了大规模资本外逃，这也成为比经常账户赤字更为重要的导致外债规模上升的因素（Diaz-Alejandro，1987）。在委内瑞拉，尽管

---

① 这里我们没有提供每个国家的储蓄率，相关数据可以从ECLAC和世界银行获取。

② 南锥共同体（NERCOSUR）是拉丁美洲地区举足轻重的区域性经济合作组织，由巴西、阿根廷、乌拉圭和巴拉圭四个成员国，以及智利、玻利维亚两个联系国组成。

③ 应该指出的是，作为国内金融危机的结果，墨西哥在1982年对金融体系进行了国有化；在20世纪80年代初期，当哥伦比亚进行了更加温和的国内金融体系自由化之后，也爆发了一次规模较小的国内金融危机。

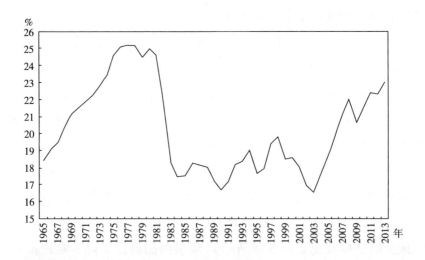

数据来源：笔者的估计，基于拉丁美洲和加勒比经济委员会（ECLAC）数据。

图 3.4　拉丁美洲投资率，1965－2013 年（2000 年不变价格/GDP）

债务危机前保持了经常账户盈余，但外债仍在不断积累。与之相矛盾的是，在债务危机之前，作为一种支持货币收缩的方式，委内瑞拉政府事实上在鼓励私人部门的对外投资（Rodriguez，1985）。然而，值得一提的是，在开放了资本账户的国家中，智利之所以在债务危机之前没有发生资本外逃，应当归因于国内高利率与资产迅速升值。秘鲁也没有出现资本外逃，但主要是因为它在债务危机之前已经面临许多问题，因此已经在 1978 年对外债进行了重新谈判。

在 20 世纪 90 年代的自由化期间，经常账户赤字是故事的重要部分，但投资的恢复却非常缓慢（图 3.4）。计量经济估算表明，外部融资上升导致国内储蓄显著下降，并催生了消费繁荣（Uthoff and Titelman，1998）。储蓄下降在巴西、哥伦比亚、墨西哥和委内瑞拉尤为严重。除智利和秘鲁外，LA7 都发生了国内金融体系崩溃，这在 1994 年的墨西哥与委内瑞拉的银行危机中达到极致，其财政成本分别占 GDP 的 19.3% 和 15.0%（Laeven and Valencia，2008）。

2003－2008 年的资本账户繁荣期，却产生了截然不同的影响。

这主要有五方面的原因：第一，有史以来，拉丁美洲地区整体上有着经常账户盈余。第二，与此前的资本流入期相比，这一次出现了投资繁荣（图3.4）。经常账户盈余和投资上升的组合，表明在此次繁荣中，拉丁美洲各国的国内储蓄率事实上是上升的。第三，在这一繁荣期内，不仅外债水平有所下降，而且外汇储备显著增长。如图3.5所示，外债与外汇储备之差从2002年占GDP的27.9%，下降至2008年占GDP的5.5%。外汇储备的累积表明，大部分LA7国家在20世纪90年代末21世纪初的危机中转向管理浮动的汇率制度。委内瑞拉则不然，智利也不尽然，后者更多地将财政稳定基金作为外汇市场干预的主要机制。第四，更稳健的财政状况、国内政府债券市场的发展，以及阿根廷在2005年和2010年的债务再协商，有效地削减了债务水平。最后，各国充分吸取了过去金融危机的经验教训，显著加强了审慎性监管。

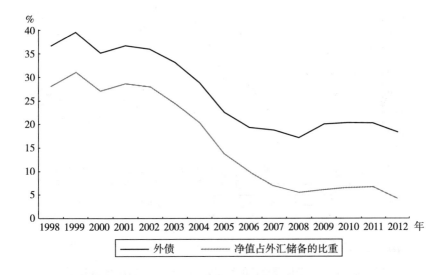

数据来源：笔者的估计，基于拉丁美洲的比重加勒比经济委员会（ECLAC）数据。

图3.5　外债占GDP的百分比，2000年的汇率平价

对繁荣时期的更好管理，降低了北大西洋金融危机对拉丁美洲的冲击。尽管拉丁美洲各国（特别是墨西哥和委内瑞拉）的经济增长均显著放缓，但没有爆发大型的国际收支危机或国内金融危机。然而，上述论断可能忽视了如下两点：

第一，经常账户的改善主要来自贸易条件的改善。所有国家都受益于 2004 年以来的大宗商品价格飙升，尤其是作为主要石油或矿产出口国的智利、哥伦比亚、秘鲁和委内瑞拉。如图 3.6 所示，如果剔除贸易条件的改善，那么经常账户状况会明显恶化，在 2008 年，拉丁美洲地区的经常账户赤字水平甚至比之前的危机时期还要严重。因此，经常账户盈余并非更审慎的国际收支或总需求政策的结果。与之相反，拉丁美洲国家事实上花掉了从大宗商品繁荣周期中获得的外汇收入，从 2008 年起甚至入不敷出。

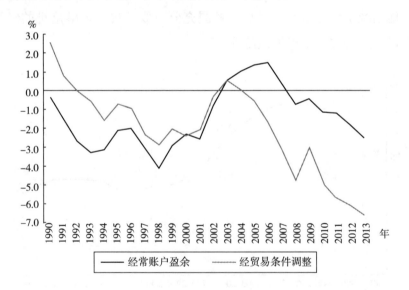

数据来源：笔者的估计，基于拉丁美洲和加勒比经济委员会（ECLAC）数据。

图 3.6　经贸易条件调整后的经常账户余额（占 GDP 的百分比）

第二，在本轮危机爆发后，发达国家采取了大规模措施来稳定金融市场，这导致新兴市场从 2009 年中期开始面临新一轮资金流入。1994 年 12 月墨西哥危机爆发之后，大规模的支持措施也在阻断危机传染至其他拉丁美洲经济体以及缩短危机时间方面起到了类似的作用。

最近几年外部融资的再度繁荣，与之前的资本流入繁荣期相比，产生的效果更为复杂。当前，尽管贸易条件依旧良好，拉丁美洲地区开始出现经常账户赤字。大宗商品价格的下跌将带来风险。然而，目前面临风险最大的，还是委内瑞拉和阿根廷（程度略轻一点）这两个实施了更强的资本账户管制的国家。这一事实最终表明，资本账户管制可能是有效的，尤其是在改善外债状况、在繁荣期实施逆周期货币政策、在外部融资突然中断时缓解衰退压力，以及避免汇率升值（此方面证据不是特别突出）等方面（Ostry et al.，2012；Erten and Ocampo，2013）。然而，资本账户管制应当被用做逆周期宏观经济政策的补充品，而非替代品。一旦资本账户管制取代了逆周期宏观经济政策，那么管制措施的正面效果将被由此产生的大规模黑市交易以及（或者）多重汇率制度造成的扭曲所超越，包括私人部门规避管制的动机。

结　　论

拉丁美洲外部融资的周期性波动和资本账户自由化的丰富历史，提供了重要的经验教训。其中最重要的经验教训是，国际资本大量流入将会产生巨大压力，进而产生实施顺周期宏观经济政策以及放松资本账户管制与金融监管的诱惑。当一国采取顺周期政策并屈从于这些诱惑时，危机通常会随之而至。这正是拉丁美洲国家在资本账户繁荣的 20 世纪 70 年代中期至 20 世纪 80 年代早期，以及1992 - 1997 年所经历的故事。

并非所有繁荣都终结于危机。关键是如何应对经常账户赤字以及相关的货币升值。相比之下，降低外债规模和积累外汇储备是应对资本账户波动性的重要手段，这一点从拉丁美洲地区对最近危机的敏感性明显下降的事实中不难发现。如何应对经常账户赤字的国内表现问题也同样重要。第一次繁荣周期中"南锥国家"的经验以及第二次繁荣周期中更广范围国家的经验均表明，如果新增外部融资被用来消费而非投资，将会造成严重的问题。

保留一些能够对资本账户波动性进行直接管理的工具，这一点经验至关重要。在过去的四分之一个世纪中，巴西、智利、哥伦比亚和秘鲁都曾在不同时段有效地使用过这些工具。这意味着，资本账户管制提供了实施逆周期政策的机会，从而能够帮助有关当局"逆风而行"。然而，一旦资本账户管制取代了逆周期宏观经济政策，那么危机不仅不能被避免，而且事实上可能变得更加严重。

参考文献

［1］Bértola, Luis and José Antonio Ocampo (2012). *The Economic Development of Latin America Since Independence.* Oxford：Oxford University Press.

［2］Bustillo, Inés and Helvia Velloso (2013). "Debt Financing Rollercoaster：Latin America and Caribbean Access to International Bond Markets since the Debt Crisis," 1982 – 2012, *Libros de la CEPAL* No. 119. Santiago：Economic Commission for Latin America and the Caribbean (ECLAC), September.

［3］Chinn, Menzie D. and Hiro Ito (2008). "A New Measure of Financial Openness," *Journal of Comparative Policy Analysis*, Vol. 10, Issue 3, pp. 309 – 322.

［4］Diaz-Alejandro, Carlos F. (1985). "Good-Bye Financial Repression, Hello Financial Crash", *Journal of Development Economics*,

Vol. 19, pp. 1 – 24.

[5] _____ (1987). "Some Aspects of the Development Crisis in Latin America," in Rosemary Thorp and Lawrence Whitehead (eds.), *Latin American Debt and the Adjustment Crisis*. Houndmills: Macmillan in association with St. Antony's College, Oxford University.

[6] Edwards, Sebastian (1984). "The Order of Liberalization of the External Sector in Developing Countries," *Princeton Essays on International Finance*, No. 156.

[7] Erten, Bilge and José Antonio Ocampo (2013). "Capital Account Regulations, Foreign Exchange Pressures, and Crisis Resilience," Working Paper, Initiative for Policy Dialogue, available at: policydialogue. org.

[8] Ffrench-Davis, Ricardo and Stephany Griffith-Jones (2011). "Taming Capital Account Shocks: Managing Booms and Busts," in José Antonio Ocampo and Jaime Ros (eds.), *Handbook of Latin American Economics*. Oxford: Oxford University Press, chapter 7.

[9] Laeven, Luc and Fabian Valencia (2008). "Systemic Banking Crises: A New Database," *IMF Working Paper* 08/224. Washington D. C. : International Monetary Fund.

[10] Ostry, Jonathan D. , Atish R. Ghosh, Marcos Chamon, Mahvash S. Qureshi (2012). "Tools for Managing Financial-Stability Risks from Capital Inflows," *Journal of International Economics*, Vol. 88, Issue 2, pp. 407 – 421.

[11] Reinhart, Carmen and Kenneth Rogoff (2009). *This Time is Different: Eight Centuries of Financial Folly*. Princeton: Princeton University Press.

[12] Rodriguez F. , Miguel (1985). "Auge petrolero, estancam-

iento y pol. ticas de ajuste en Venezuela," *Coyuntura Económica*, Vol. 15, No. 4, December.

[13] Schindler, Martin (2009). "Measuring Financial Integration: A New Data Set," *IMF Staff Paper*, Vol. 56, Issue 1, pp. 222 – 238.

[14] Uthoff, Andras and Daniel Titelman (1998). "The Relationship between Foreign and National Savings under Financial Liberalisation", in Ricardo Ffrench-Davis and Helmut Reisen (eds.), *Capital Flows and Investment Performance: Lessons from Latin America.* Paris: OECD Development Centre.

附表 A. 1　　　　　　　拉丁美洲资本账户管制程度

国家 \ 年份	阿根廷	巴西	智利	哥伦比亚	墨西哥	秘鲁	委内瑞拉
1970	− 0. 68	1. 86	1. 86	1. 86	− 2. 44	0. 81	− 0. 51
1971	1. 07	1. 86	1. 86	1. 86	− 2. 44	1. 07	− 1. 21
1972	1. 34	1. 86	1. 86	1. 86	− 2. 44	1. 34	− 1. 21
1973	1. 6	1. 86	1. 86	1. 86	− 2. 44	1. 6	− 1. 21
1974	1. 86	1. 86	1. 86	1. 86	− 2. 44	1. 86	− 1. 21
1975	1. 86	1. 86	1. 86	1. 86	− 2. 44	1. 86	− 0. 51
1976	1. 86	1. 86	0. 81	1. 86	− 2. 44	1. 86	− 1. 74
1977	0. 11	1. 86	0. 11	1. 86	− 2. 44	1. 86	− 1. 74
1978	0. 11	1. 86	0. 11	1. 86	− 2. 44	0. 54	− 1. 74
1979	0. 11	1. 86	0. 11	1. 86	− 2. 44	0. 28	− 1. 74
1980	0. 11	1. 86	0. 11	1. 86	− 2. 44	0. 02	− 1. 74
1981	0. 11	1. 86	0. 11	1. 86	− 2. 44	− 0. 25	− 1. 74
1982	1. 17	1. 86	1. 86	1. 86	0. 81	− 0. 51	− 1. 74
1983	1. 17	1. 86	1. 86	1. 86	1. 07	− 0. 51	0. 55
1984	1. 17	1. 86	1. 86	1. 86	1. 34	0. 81	0. 81
1985	1. 17	1. 86	1. 86	1. 86	1. 6	1. 07	1. 07
1986	1. 17	1. 86	1. 86	1. 86	1. 86	1. 34	1. 34
1987	1. 17	1. 86	1. 86	1. 86	0. 81	1. 6	1. 6

续表

国家 年份	阿根廷	巴西	智利	哥伦比亚	墨西哥	秘鲁	委内瑞拉
1988	1.17	1.86	1.86	1.86	0.81	1.86	0.81
1989	1.17	1.86	1.86	1.86	0.81	1.86	0.81
1990	1.17	1.86	1.86	1.17	0.81	1.86	0.11
1991	1.17	1.86	1.86	1.17	0.11	1.17	0.11
1992	1.17	1.86	1.86	1.17	0.11	-1.12	0.11
1993	-1.38	1.86	1.86	1.86	-1.12	-1.38	1.17
1994	-1.65	1.86	1.86	1.86	-1.12	-1.65	1.17
1995	-1.91	1.86	-0.43	1.86	-1.12	-1.91	1.17
1996	-1.12	1.86	1.86	1.17	-1.12	-1.12	-0.15
1997	-2.18	1.86	1.86	1.17	-1.12	-2.44	-1.65
1998	-1.91	1.17	1.86	1.17	-1.12	-2.44	-1.91
1999	-1.65	1.17	1.17	1.17	-1.12	-2.44	-2.18
2000	-1.38	1.17	1.17	1.17	-1.12	-2.44	-2.44
2001	1.17	1.17	-1.38	1.17	-1.12	-2.44	-2.44
2002	1.17	0.11	-1.65	1.17	-0.06	-2.44	0.11
2003	0.11	0.11	-1.91	1.17	-0.06	-2.44	0.11
2004	0.11	0.11	-2.18	0.11	-1.12	-2.44	0.11
2005	0.11	-0.15	-2.44	0.11	-1.12	-2.44	0.11
2006	0.81	-0.41	-2.44	0.11	-1.12	-2.44	1.07
2007	0.81	-0.41	-2.44	0.11	-1.12	-2.44	1.07
2008	0.81	-0.41	-2.18	-1.12	-1.12	-2.44	1.34
2009	0.81	-0.41	-1.91	0.11	-1.12	-2.44	1.6
2010	0.81	-0.15	-1.65	0.11	-1.12	-2.44	1.86
2011	0.81	0.11	-1.38	0.11	-1.12	-2.44	1.86
2012	n. a.	n. a.	1.17	1.17	n. a.	n. a.	n. a.

数据来源：Chinn-Ito 资本账户开放指数之相反数。http：//web. pdx. edu/~ito/Chinn-Ito_website. htm。

第四章 防范套利交易：
来自东欧的经验教训

Daniela Gabor（丹尼尔娜·加伯）

引　言

要了解资本账户自由化将给新兴经济体造成何种影响，以及中国应该从中吸取哪些经验教训，对此东欧能够提供有趣的案例。首先，出于加入经济合作与发展组织（OECD）或欧盟等国际组织的政治目标，东欧原先的计划经济体走向了自由化（Arvai，2005）。其次，东欧长期以来一直是套利交易（该交易受到全球性银行的驱动）活跃之地，而中国发生的套利交易目前是全球关注的焦点（BofAML，2014）。最后，在雷曼兄弟公司破产倒闭之前，资本账户自由化的好处被大肆强调：东欧必须学会如何面对大规模资本流入，因为这样才能实现与其他国家的快速融合，包括金融深化（Arvai，2005）。然而，随着全球性银行在雷曼兄弟公司破产倒闭之后启动了去杠杆进程，东欧国家却因此而饱受煎熬。

本章将重点讨论三个教训：

第一，造成资本流动的市场参与者及其跨境关系值得关注，尤其是当资本流动是由套利交易引起之时。

第二，资本账户自由化为货币市场（更多的是离岸形式的金融交易）的金融化奠定了基础，反过来又促进了银行间货币市场（结

66

构性的流动性过剩及其不对称的分布）的金融化，由此造成了货币政策实施的复杂性。

第三，有鉴于此，IMF 针对资本流动管理的制度性观点值得重视，以实现将资本流动管理常态化的目标。

进行比较

在 2014 年初，金融分析师和学者一致认为，新兴市场经济体的动荡主要源于以下两个因素，即美国与欧元区的量化宽松政策和以及量化宽松政策的退出。首先，核心国家的基金经理增持了新兴市场经济体的本币债券（Farolli et al. ，2014）。非居民持有的新兴市场经济体本币债务的规模从 2008 年的 12.7% 上升至 2012 年的 26.6%，与此同时，新兴经济体本币债务的发行规模也翻了一番，达到 9.1 万亿美元（Turner，2013）。其次，新兴市场经济体的银行和非金融机构开始从国际美元融资市场融入资金，以在国际范围内开展杠杆性投资，这正是在过去 20 年内发生的第三次套利活动（BofAML，2014；Shin，2013；Turner，2014）。由国际银行驱动的第二次套利活动在 2008 年结束，并给东欧带来了破坏性的影响。在第三次套利活动中，中国占从国际银行体系中获得的 8 550 亿美元贷款的一半，以及 1.04 万亿美元债券发行额的 10%。

最近，学术界对套利交易的形式和风险进行了归类。套利交易是指借入低利率（融资）货币，并将其投资到高收益（目标）货币中去（Galati et al. ，2007）。狭义的套利是指具有方向性的货币赌博，而广义的套利是指投资者持有以目标货币计价的资产（债券、股票、银行存款，见 Hattori and Shin，2007；UNCTAD，2007）。金融或非金融国内参与者通过在国外借款或发行外币债券，并通过在在岸市场购买高收益工具或银行存款的方式参与套利活动（Turner，

2014）。

想要持有新兴市场经济体本币资产的非居民投资者（例如基金经理）通常需要当地银行作为中介以完成套利活动。当地银行通过即期或衍生品市场的隔夜信贷（表内或表外）为前者提供国内流动性。全球性银行在该国当地的实体存在增加了套利交易范围，这是由于分支机构能够通过母行——国际资本市场——为自营交易融资，这就涉及与非居民投资者的离岸或在岸交易（Gabor，2014）。

在追逐利差的过程中，套利交易者创造了货币错配，并加剧了对新兴市场经济体信贷市场和资产市场的顺周期性影响（Turner，2014）。一旦融资环境改变，套利交易可能迅速逆转，这可能给目标国造成系统性风险（Kaltenbrunner，2010；Ferolli et al.，2014；Turner，2014；Shin，2013）。传统的"三元悖论"过时，这是因为在全球金融周期之下的中央银行必须在货币政策独立性和资本管制之间二选一（Rey，2013；Gallagher et al.，2012）。

此外，套利交易使得交易者依赖的市场变得更加金融化。McCauley and Scatigna（2011）观察到，随着主要金融中心的离岸交易迅速膨胀，高收益货币市场的交易越来越多地受到金融因素而非贸易因素的驱动。

东欧状况概览

新兴欧洲国家的资本账户自由化主要集中在两个波段。第一波自由化国家（波罗的海国家与捷克）在 1997 年取消了绝大部分管制；第二波自由化则发生在 21 世纪初，匈牙利、波兰、斯洛伐克与斯洛文尼亚在 2004 年取消了管制，罗马尼亚和保加利亚则在 2006 年取消了管制（Arvai，2005）。上述国家采取的开放次序基本相同：首先放开 FDI，对利率敏感型的资本流入更为谨慎，尤其是在非居民获取短期融资性工具和进入本币资产市场方面。FDI 对银行私有化而言非常重要（表4.1）。

表4.1　　　东欧银行资产中的外资银行份额

国家 年份	保加利亚	捷克	匈牙利	波兰	罗马尼亚	立陶宛	爱沙尼亚	斯洛文尼亚
2004	72	84	65	72	78	91	90	20
2009	79	80	64	68	92	91	91	21

数据来源：Bankscope。

在雷曼兄弟公司破产倒闭之前，这种"紧密拥抱"金融全球化的态度获得了预期的回报。除少数几个紧张时期（1997 年捷克、1999 年罗马尼亚、2003 年匈牙利面临的投机性攻击）之外，东欧各国经济增速非常可观（平均超过5%），但除捷克和波兰外，其他国家均面临显著的由大量资本流入所融通的经常账户赤字，且利率敏感型资本流入逐渐成为主导（图4.1）。

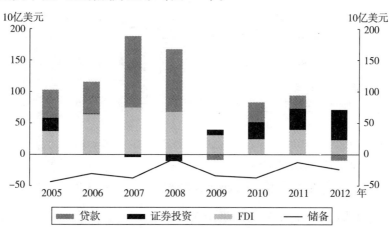

数据来源：IMF《世界经济展望》。

图4.1　东欧净资本流动

尽管各国有着不同的汇率制度（波兰和捷克实施了通货膨胀目标制与自由浮动汇率制度，罗马尼亚和匈牙利实施了管理浮动汇率制度①，波罗的海国家和保加利亚则盯住欧元），但在雷曼兄弟公司破产倒闭之前，东欧各国的外汇储备都在增长（图4.2）。东欧各国央行或诉诸于外汇市场的直接干预（罗马尼亚、匈牙利、捷克），或者通过私有化和（或）发行国际债券来吸收外汇收入（波兰、捷克）。尽管从理论上来讲，东欧地区的系统性货币升值可以被视为一个反映实际趋同进展的受欢迎信号，以及是对良好的经济基本面的回馈（Arvai，2005），但在现实操作中，各国央行都在试图避免汇率升值引发的大规模资本流入。

注：波兰的坐标轴单独显示在右侧，因为其外汇储备远大于其他国家。

数据来源：IMF以及联合外债中心。

图4.2 主要东欧国家外汇储备，1990—2013年

这些顾虑在全球金融危机中被证明是正确的。在证券投资者纷纷离开、西欧银行威胁撤离之时，东欧国家的汇率和外汇储备规模均大幅下跌（图4.2）。几个国家（罗马尼亚、匈牙利和拉脱维亚）向IMF求助，同时，东道国、母国监管当局与母银行之间就

---

① 匈牙利在2008年2月转为自由浮动汇率制度。

如何保持西欧银行在东欧地区的贷款规模进行了专门的磋商（"维也纳倡议"）。除波兰外，资本外流和出口需求低迷导致了东欧国家的"硬着陆"，东欧地区的经济在 2009 年的收缩幅度平均达到 8.5%，在 2010 年也仅有 0.18% 的增长率，显著低于拉丁美洲地区（分别为 -1.8% 和 6.3%）或东亚地区（分别为 -0.9% 和 8.4%）。在发达国家实施量化宽松政策（QE）之后，国际资本重新回流东欧国家，但这一次主要是以证券投资的形式，而非跨境银行贷款的形式流入（图 4.1）。与 Shin（2013）对全球流动性第二阶段的观察相一致，本轮资本流动主要受基金经理而非全球性银行的驱动。

教训 1：造成资本流动的市场参与者及其跨境关系值得仔细关注

在东欧，资本账户开放伴随着西欧银行的系统性进入。这不仅使东欧国家融入了全球金融体系，还带来了支持传统借贷和套利交易的资本流入。在雷曼兄弟公司破产倒闭之后，高度关联的、高度杠杆化的跨国银行成为加剧全球金融紧张的重要渠道。

21 世纪初，西欧母银行增加了对东欧地区分支行和非金融企业的风险敞口，尤其是对波罗的海国家、罗马尼亚和匈牙利（图 4.3 和图 4.4）。西欧银行对东欧各国的风险敞口合计达到 1.3 万亿美元，其中奥地利银行占 20%，意大利银行占 17%，德国银行占 15%[①]。在雷曼兄弟公司破产倒闭后，母银行争先恐后地从东欧分支行撤资，而罔顾东欧各国的经济基本面状况（Pistor，2010）。在"维也纳倡议"下，母银行最终同意继续向分支行提供短期融资展期服务，但由于各自承诺的程度不同，最终仍有大量资金从波罗的海国家和匈牙利流出（图 4.3）。

---

① 这种竞争压力使得东欧地区的国内银行也不得不效仿。在雷曼兄弟公司破产倒闭之前，拉脱维亚银行 60% 的短期融资是从非居民处获得的。

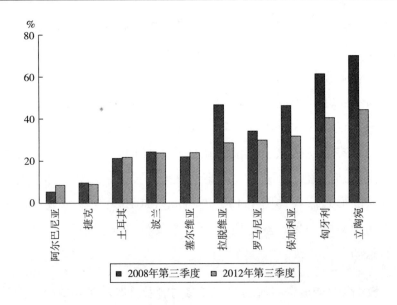

数据来源：IMF 以及联合外债中心。

图 4.3　BIS 成员跨境贷款规模（占 GDP 的百分比）

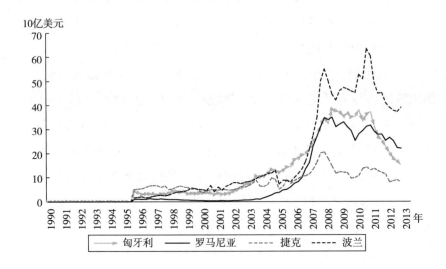

数据来源：IMF 以及联合外债中心。

图 4.4　银行间跨境贷款

跨境银行借款为以下三种套利策略提供了资金：公司借款、本国银行的金融系统内活动以及居民外币贷款。

中国公司的观察者们都熟知（Shin，2013），本国非金融企业的海外借款是套利活动的重要组成部分。本国银行让东欧企业从其母银行处直接借款，从而规避限制国内信贷增长的相关措施（Pistor，2010；Kudrna and Gabor，2013）。例如，2006－2008年，罗马尼亚公司累计在海外借款174亿欧元，占跨境银行贷款总额的三分之一。这种借款本应该用来支持实体经济发展（对冲外汇头寸、投资海外）或在国内投资于收益率更高的项目。

本国银行也参与套利活动。Christensen（2004）最先注意到捷克银行在1995－1996年（捷克取消资本管制时）进行的"冲销游戏"。与中国的汇率制度选择相似，捷克本国银行从海外借入短期融资，以试探央行的汇率盯住。银行将外币贷款在外汇市场上兑换成本币，用于增加本地流动性，从而获取高收益低风险的冲销收益。这两年时间内，捷克央行进行了大约50亿美元（占外汇储备的40%）的冲销，以达到既避免损害贸易部门的名义汇率升值，又实现货币政策目标的目的。捷克在1996年初放弃了盯住汇率制度，并在1997年5月遭受了投机性攻击。罗马尼亚在1998年下半年同样面临本国银行套利活动，尽管此时该国才刚刚启动资本账户自由化进程（Gabor，2010）。

自此之后，"冲销游戏"在东欧地区广为流行（Balogh，2009；Gabor，2010）。以罗马尼亚为例，在21世纪初，对央行的债权占到本国银行国内资产的30%，之后随着银行增加对住户部门的贷款，上述比率才开始下降（图4.5至图4.8）。捷克本国银行持有的政府债券规模也与其冲销操作相当。波兰和匈牙利本国银行在雷曼兄弟公司破产倒闭之后也积极参与到冲销操作中。此外，境外贷款支持了整个东欧地区的金融体系内活动，造成相互关联度和杠杆率显著上升（Shin, 2013）。相比之下，与西欧银行以市场为基础的商业模式相似，对本国企业的贷款（银行传统业务）很少占到东欧银行总资产的40%以上。

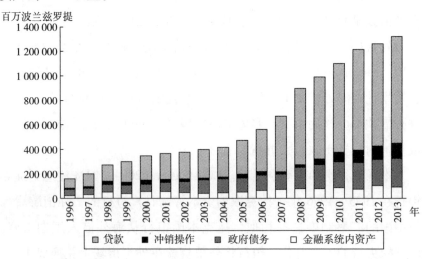

百万波兰兹罗提

图例：贷款　冲销操作　政府债务　金融系统内资产

数据来源：波兰央行。

图 4.5　波兰国内银行资产

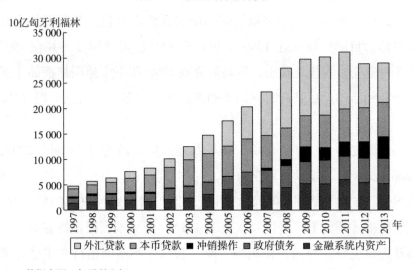

10亿匈牙利福林

图例：外汇贷款　本币贷款　冲销操作　政府债务　金融系统内资产

数据来源：匈牙利央行。

图 4.6　匈牙利国内银行资产

10亿罗马尼亚列伊

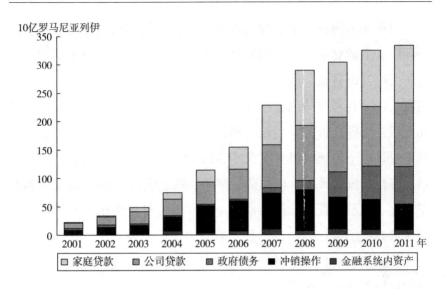

数据来源：罗马尼亚央行。

图 4.7　罗马尼亚国内银行资产

10亿捷克克朗

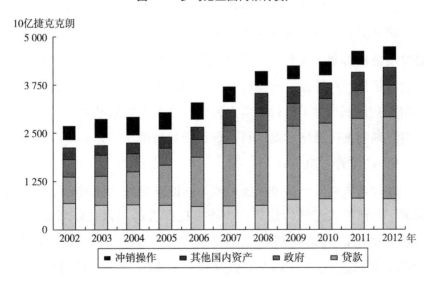

注：捷克央行对冲销活动在年报中单独报告，但不作为银行资产负债表的项目。平均冲销规模（黑色柱形）被列入以反映冲销占银行资产的比例。

数据来源：捷克央行。

图 4.8　捷克共和国国内银行资产

对那些国内利率水平较高的国家而言，其本国银行还参与了另一项广义上的套利交易，即通过母银行或外国市场融资来扩大对本地居民的外币贷款。截至 2008 年 9 月，在拉脱维亚、爱沙尼亚、立陶宛、匈牙利和罗马尼亚迅速增长的居民贷款中，超过一半是以欧元或瑞士法郎计价的。当银行提供比本币贷款利率更为优惠的贷款利率时，由于传统共识（与关于美国房价的传统共识相似）认为本币汇率将会继续升值（巴拉萨—萨缪尔森效应），借款人愿意承担汇率风险。在没有资本管制的前提下，审慎监管措施很容易被贷款外部化等方式加以规避。自雷曼兄弟公司破产倒闭以来，这导致了不良贷款的显著增长（以及匈牙利政府与本国银行之间针对外币抵押贷款进行重新谈判的政治斗争）。

在后雷曼时期，众所周知的风险在东欧迅速爆发：在货币错配之下，资本外逃加剧了本币贬值，这又进一步威胁到金融稳定；为了改善外部竞争力，各国又不得不进行内部贬值。互相关联的银行使跨境危机协调管理和宏观审慎政策变得更加复杂，因为东道国的监管者担忧，对母银行加强管制（例如要求国内资产只能在国内进行融资）可能加剧子银行的资金外流。事实上，东欧各国央行一致反对奥地利央行加强对奥地利银行在贷款价值比（loan-to-value ratio）方面的监管（Kudrna and Gabor，2013）。

此外，资本账户自由化还引入了新的系统性参与者：非居民投资者。其他新兴经济体认为，非居民投资者的加入是好坏参半的：虽然有助于改善本国资产市场的流动性，但会加强顺周期特征（Shin，2013）。尽管一些新兴经济体（例如秘鲁、泰国和乌克兰）对非居民持有本币资产实施了限制，但欧盟成员国（或有意成为其成员的国家）却无法这么做。地区内部的差异取决于本国债券市场的深度。因此，匈牙利和波兰在 2008 年前对非居民颇具吸引力（图4.9 和图 4.10）。由于罗马尼亚的主权债市场规模有限，以及其实施

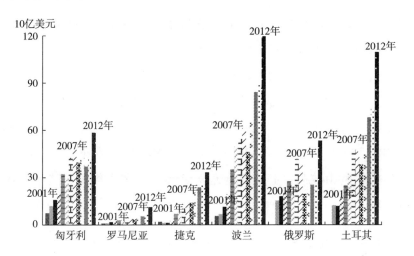

注：黑色柱形表示 2007 年的值。

数据来源：各国中央银行。

图 4.9　非居民的债券持有（2001－2012 年）

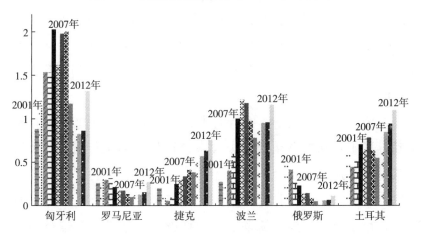

注：黑色柱形表示 2007 年的值。

数据来源：各国中央银行。

图 4.10　非居民持有外债占外汇储备的比例（2001－2012 年）

了通过借款而非发债进行冲销的方式，非居民持有本国债券的规模较为有限。雷曼兄弟公司破产倒闭之后，套利活动反转使匈牙利和罗马尼亚受到严重冲击，将 Shin（2013）的警告展现得淋漓尽致，即一旦全球货币状况收紧，那些依赖非居民资金流入的新兴经济体将会面临巨大压力。随着东欧国家在 2009 年以后加强了对非居民融资的依赖，东欧国家的央行也采取措施以加强对易变的资本流动的管理。从 2012 年起，捷克和波兰重新回归货币干预，匈牙利和罗马尼亚则大幅削减了利率水平（匈牙利下调了 500 个基点，罗马尼亚下调了 300 个基点）。不过，一旦美国和欧洲（欧央行和英格兰银行）收紧货币政策，上述措施究竟能够发挥多大作用，这一点还有待观察。

教训 2：资本流入造成外汇市场和银行间货币市场的金融化，一旦资本流入中断，央行将面临两难境地

BIS 最近发布的三年一次调查结果显示，东欧国家货币的金融化与国际化程度，70% 的交易发生在离岸市场，并以短期场外衍生品交易的方式进行。东欧的经历进一步表明，外汇市场的金融化不会单独进行，而是会溢出到银行间货币市场，从而影响到那些在本地融资的银行。

在传统银行模式下，银行间市场允许有融资缺口（来自贷款活动）的银行从有富余准备金（来自存款）的银行借款。央行注入流动性以弥补准备金不足，并保持银行间市场利率接近政策性利率。但当央行通过干预外汇市场来管理资本流入时，这种干预并不对称地分配了国内的流动性。能够进行海外借贷的银行通过中介资本流入而创造了国内的流动性，从而为上述套利活动提供了融资。政策性利率不再决定这些金融化银行的融资成本，因为央行的注意力放在了如何从银行间货币市场回收过多的准备金上（Gabor，2012）。

这一冲销困局对中国央行而言是再熟悉不过了。中国央行采取的措施是存款准备金（Ma et al.，2011），而非东欧央行使用的短期冲销工具。二者之间根本性的差异在于，至少在中国的非金融企业和银行转向套利交易之前，中国的冲销主要反映了贸易盈余带来的外汇储备增长。而在东欧，市场化的冲销手段为参与套利活动的本国银行提供了新的资产类别，从而吸引了更多资本流入。

东欧的经验教训是，银行间货币市场的金融化对具有"耐心"的银行而言更具伤害性，因为银行间货币市场也可能出现大规模资金外流。应对资本流入突然中断的典型举措是提高利率，或者通过出售外汇储备来维系本币汇率，但这两种做法都会降低国内流动性水平。如果央行向银行间市场再次注入流动性，它就成了做空者的不自觉的（最终的）对手方。而如果不这样做，银行间市场的流动性将会显著收紧，从而使得准备金不足的银行面临非常高的银行间拆借利率。我们不妨看一下罗马尼亚在 1998 年的局面，当时该国还保留着资本账户管制和国有银行（与中国体制相类似）。在俄罗斯危机爆发后，由于面临资本流入的突然中断，罗马尼亚央行不得不出售外汇储备，但没有冲销此举对货币市场的影响。随之而来的流动性短缺和利率高企（图 4.11），使无论国有还是私有的本国银行均遭受重创，最终引发了银行业危机（Gabor，2010）。东亚地区在 1997 年也经历了类似冲击（IMF，1997）。

雷曼兄弟公司破产倒闭之后，东欧各国面临的相似挑战是保证非投机性的国内流动性需求能够在"正常的"市场利率水平得到满足。几个国家对本国银行的资产用途（波兰、克罗地亚和土耳其；Cerutti et al.，2010）或对本国银行与非居民之间的交易进行了限制（拉脱维亚与罗马尼亚，见 Buiter and Sibert，2008；Gabor，2012）。事实上，IMF 现在已经允许各国针对非居民进行资本管制或者限制其参与本国银行间市场，因为"对非居民进行本币融资实施限制，通常能够增加货币投机的难度"（IMF，2013）。

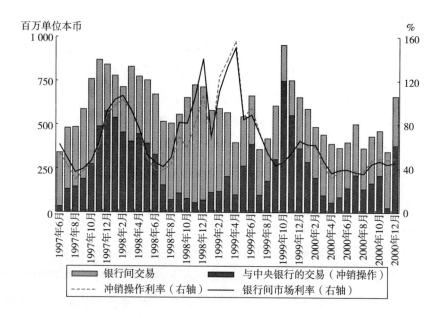

数据来源：罗马尼亚央行（http：//www.bnro.ro/Raport-statistic-606.aspx）。

图4.11 罗马尼亚银行间市场规模和利率（1997－1999年）

教训3：IMF针对资本管制的新的制度性观点，对管理跨境金融联系而言是无效的

全球金融危机促使IMF重新思考其长期以来对资本项目管制所持的反对态度，其最新的制度性观点（IMF，2013）认为，在一国采取了可能的宏观经济调整（汇率朝均衡水平运动、降低利率、经过冲销的货币干预、财政紧缩）之后，可以采取特定的资本管制措施。如果中国在资本账户自由化/人民币国际化的战略中试图依赖这种宏观先行的方法的话，它必须仔细考虑如下问题，即宏观经济政策究竟能够在何种程度上约束跨境金融关联（尤其是上述套利交易策略）。

来自东欧的答案是非常明显的。一旦货币市场通过外汇干预而实现了金融化，那么本国银行可以进行如下选择，即是将从外汇市

场上获得流动性投入到"冲销游戏"中去呢，还是将其进行组合投资呢，还是将其借给非居民。IMF 的研究显示（Christensen，2004），"冲销游戏"可能为投机性攻击铺平道路，正如捷克案例一样。

相关制度性激励使通过宏观审慎政策来约束银行跨境金融关联的努力变得非常困难。央行和政府都能从资本流入中获益，前者是因为资本流入造成本币升值，从而降低了进口价格，后者则是因为对主权债的投资需求增加了市场流动性，同时降低了主权债的收益率。然而，要充分认识到上述收益都是顺周期的，并非一件易事。只有当央行意识到这一点之后，它们才会将银行排除在冲销操作之外、改变冲销的期限（转向长期操作），或者实施有助于降低货币干预的必要性与规模的资本账户管制。

银行业的结构性改革同样至关重要。IMF 意识到，跨境银行活动将会"降低系统的稳定性，带来周期性的洪水与干旱"，并在一篇工作论文（IMF，2011）中提出了如下两种应对措施：监管者或者可以分割国内资本市场以限制流动性在不同类型银行之间的自由流动，或者可以限制本国银行在国际银行间市场的借款行为。这些措施有助于鼓励本国银行依赖本国融资这一模式。

参考文献

［1］ Arvai, S. (2005). "Capital Account Liberalization, Capital Flow Patterns, and Policy Responses in the EU's New Member States," *IMF Working Paper*, No. 05/123.

［2］ Balogh, C. (2009). "The role of the MNB bills in domestic financial markets," *Magyar Nemzeti Bank Bulletin*, October (Budapest: MNB).

［3］ Bank of America Merrill Lynch (2014). "Pig in the Python—the EM carry trade unwind," *The GEMs Inquirer*, February 18.

［4］ Buiter, W. and A. Sibert (2008). "The Icelandic banking crisis and what to do about it: The lender of last resort theory of optimal currency areas," *Policy Insight*,

No. 26, Centre for Economic Policy Research.

[5] Christensen, J. (2004). "Capital Inflows, Sterilization, and Commercial Bank Speculation: The Case of the Czech Republic in the Mid-1990s," *IMF Working Paper*, No. 04/218.

[6] Cerutti, E. , Anna Ilynia, Yulia Makarova, and Christian Schmeider (2010). "Bankers without borders? Implications of ring-fencing for European cross-border banks," *IMF Working Paper*, No. 10/247.

[7] Feroli, M. , A. Kashyap, K. Schoenholtz, and H. S. Shin (2014). Market tantrums and monetary policy. Report prepared for the 2014 U. S. Monetary Policy Forum, February 28.

[8] Gabor, D. (2010). *Central banking and financialization. A Romanian account of how Eastern Europe became subprime*. Basingstoke: Palgrave Macmillan.

[9] Gabor, D. (2012). "Managing Capital Accounts in Emerging Markets: Lessons from the Global Financial Crisis," *Journal of Development Studies*, Vol. 48 (June), pp. 714 – 731.

[10] Galati, G. , A. Heath and P. McGuire (2007). "Evidence of Carry Trade Activity," *BIS Quarterly Review* (September), pp. 31 – 41.

[11] Gallagher, K. P. , S. Griffith-Jones, and J. A. Ocampo (eds.) (2012). Regulating Global Capital Flows for Long-Run Development. *Pardee Center Task Force Report*. Boston, MA: The Frederick S. Pardee Center for the Study of the Longer-Range Future, Boston University.

[12] International Monetary Fund (2013). "Guidance note for the liberalization and management of capital controls. " Available at https://www. imf. org/external/np/pp/eng/2013/042513. pdf.

[13] _____ (2011). "Cross-cutting Themes in Advanced Economies with Emerging Market Links," Staff Position Paper No. 14/21. Available at http://www. imf. org/external/np/pp/eng/2011/111411. pdf.

[14] Kudrna, Z. and D. Gabor (2013). "The Return of Political Risk: Foreign Banking in CEE countries," *Europe Asia Studies*, Vol. 65 (April), pp. 548 – 566.

[15] Hattori, M. and H. Shin (2007). "Yen Carry trade and the Subprime Cri-

sis," *IMF Staff Papers*, Vol. 56, Issue 2, pp. 384 – 409.

[16] McCauley, R. and Michela Scatigna (2011). "Foreign exchange trading in e-merging currencies: more financial, more offshore," *BIS Quarterly Review*, March.

[17] Pistor, Katharina (2010). "Into the Void: Governing Finance in Central and Eastern Europe," *WIDER Working Paper*, No. 65, World Institute for Development Economics Research, Helsinki.

[18] Rey, H. (2013). "Dilemma not Trilemma: The global financial cycle and monetary policy independence," paper presented at the Jackson Hole Symposium, August 2013. Available at http://www.kansascityfed.org/publications/research/escp/escp-2013.cfm.

[19] Shin, H. S. (2013). "The second phase of global liquidity and its impact on emerging economies," keynote address at the Federal Reserve Bank of San Francisco Asia Economic Policy Conference, November 3 – 5.

[20] Turner, Philip (2014). "The global long-term interest rate, financial risks and policy choices in EMEs," *BIS Working Paper*, No. 441. Available at https://www.bis.org/publ/work441.htm.

[21] UNCTAD (2007). Trade and Development Report. Geneva: UNCTAD.

第五章　当前中国是否
应该加快资本账户自由化

Ming Zhang（张明）

引　言

美国次贷危机之后，中国跨境资本流动的规模和波动性日益增大。2012 年，中国人民银行提出了一个加快资本账户自由化的时间表，宣布将在 2015 年实现资本账户的基本开放，在 2020 年实现资本账户的全面开放。本文针对上述时间表提出了七点质疑。与其加快开放资本账户，中国政府更应该加快人民币汇率和利率形成机制的市场化、推进国内金融市场改革、实施国内结构调整，以及参与协调资本流动管理的国际合作。

加快中国资本账户自由化的新计划

中国的经常账户在 1996 年实现了自由化。中国政府在 1994 年启动了资本账户开放进程，但该进程被 1997 - 1998 年的东南亚金融危机中断。自此之后，中国的资本账户开放采用了更为渐进和谨慎的方式（Zhang，2012，2013）。截至 2012 年初，根据 IMF 所定义的40 个资本账户交易子项，中国有 14 项实现了基本可兑换，有 22 项实现了部分可兑换，只有 4 项依然不可兑换（PBOC，2012a）。在不同类型的资本流动中，直接投资和贸易融资已经基本上实现自由化，证券投资则处于诸如境外合格机构投资者制度（QFII）和境内合格机构投资者制度（QDII）之类的额度管理之下。货币市场和金融衍生品交易则受到严格管制。

自美国次贷危机爆发以来，中国的国际收支平衡表发生了重要变化（图5.1）。首先，受外部需求疲弱和人民币快速升值的影响，经常账户顺差逐渐萎缩，资本账户顺差则因发达经济体实施量化宽松政策以及中国资本账户开放的影响而不断增加。因此，资本账户顺差取代了经常账户顺差，成为外汇储备累积的主要来源。其次，美国次贷危机后，中国经常账户和资本账户波动性显著增强。从图5.2中不难发现，在中国的资本账户交易中，直接投资相对稳定，证券投资的规模较小但波动性略高，而其他投资（包括短期债券和衍生品在内）的规模最大且波动性最强。

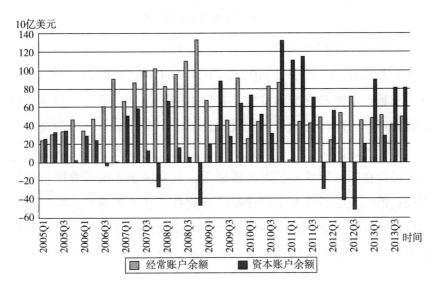

数据来源：CEIC。

图5.1　中国季度国际收支平衡

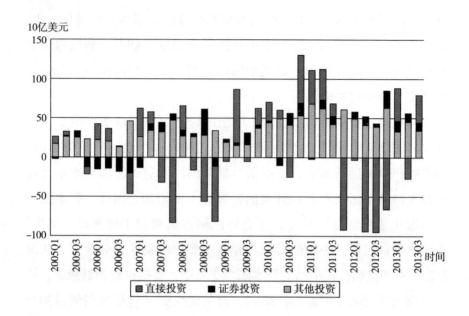

数据来源：CEIC。

图5.2　中国季度资本账户分解

2012年，中国人民银行发布了两份报告，建议中国政府加快资本账户开放进程（PBOC，2012a，2012b）。PBOC（2012a）指出，现在是加速资本账户开放的良机。其理由主要包括：第一，全球金融危机的爆发为中国鼓励对外投资提供了一个时间窗口，因为金融危机降低了发达国家公司的估值水平；第二，资本账户自由化能够促进人民币在国际贸易和投资中的使用，也有助于人民币离岸市场的发展；第三，中国资本账户管制的有效性正在逐渐降低；第四，中国稳定的金融系统、庞大的外汇储备以及较低的外债规模能够有效应对资本账户自由化所带来的潜在风险；第五，资本账户开放能够推动国内结构调整。

PBOC（2012b）进一步指出，一方面，蒙代尔的"不可能三角"和利率平价理论都存在局限性；另一方面，国际经验显示，利率改革、汇率改革和资本账户开放三者之间并不存在固定的顺序。因此，人民币利率市场改革、人民币汇率形成机制改革和资本账户自由化应该协调推进。换句话说，中国政府在资本账户开放方面，并不需要遵循特定的次序。

基于上述理由，PBOC（2012a）提出了一个新的资本账户自由化的时间表：在短期（1－3 年），直接投资项下的管制应该被放松，以鼓励国内企业的海外投资；在中期（3－5 年），商业借贷限制应该被放松，以便利人民币国际化进程；在长期（5－10 年），关于房地产、股票和债券交易的管制应该被取消，数量控制型工具也应该被价格控制型工具所取代。不仅如此，根据一些市场传言，中国央行在 2013 年曾提出了一个分"两步走"的资本账户自由化方案，该方案建议在 2015 年基本实现资本账户自由化，在 2020 年实现资本账户的全面开放。此外，中国共产党十八届三中全会也指出，人民币资本项目的可兑换应该加速。最后，中国（上海）自由贸易试验区的设立也将在实质上推进资本账户开放。

反对当前加快资本账户开放的七点理由

是否应该在现阶段加快资本账户开放，可谓是 2013 年中国国内政策和学术界最为激烈的政策讨论。中国央行支持加速开放，而包括笔者在内的一些学者却予以反对（Yu et al.，2013）。我们对关于加快资本账户开放建议的主要不同意见如下：

第一，资本账户开放是否能够推动国内结构改革，这一点存在着巨大的不确定性。中国央行的主要论点之一就是资本账户自由化能够推动国内结构调整。事实上，中国央行官员们大多是市场导向的，希望能够进一步推动国内改革。但他们也意识到，由于受到既得利益集团的阻力，国内结构性改革很难推动。因此，中国央行试图将资本账户开放作为一种对外承诺机制，借此引入外部压力来推动国内结构性改革。

但是这种承诺机制能否顺利运作？为保证未来中国经济的可持续增长，需要推行三项至关重要的结构性改革：一是居民、政府和企业部门之间的收入分配；二是打破国有企业对若干服务业部门的垄断；三是国内要素价格的自由化。毫无疑问，资本账户开放能够促进人民币汇率和利率的市场化，但资本账户开放是否能够推动诸如国民收入从政府部门和企业部门到居民部门的再分配，或者向民营企业开放服务业此类的结构性改革，我们对此表示怀疑。

更重要的是，如果中国加速了资本账户开放，并由此导致了金融危机，那么在危机爆发后，国内结构性改革很可能就此被搁置，甚至发生逆转。

第二，利用资本账户开放来推动人民币国际化，这本身是一个"套套逻辑"。这是因为，资本账户开放与人民币国际化原本就是一枚硬币的两面。中国央行之所以在 2009 年推进人民币国际化，事实上正是因为希望借此来推进资本账户开放。由于相比资本账户自由化的意义，人们更容易理解人民币国际化的意义，因此中国央行似乎采取了以下策略，即首先将人民币国际化作为资本账户开放的旗帜，然后以人民币需要进一步国际化为由来推动资本账户的进一步开放（Yu, 2013）。

国际经验表明，货币国际化是市场选择而非政府推动的结果（McCauley, 2012）。我们的实地调查和数据分析显示，表面上快速发展的人民币跨境结算和离岸市场，在很大程度上是由在岸市场与离岸市场之间的人民币套利与套汇活动所驱动的（Zhang and He, 2012）。我们认为，在当前阶段，人民币国际化和资本账户开放均不应该成为中国的政策重点。

第三，加速资本账户开放的尾部风险可能如此巨大，以至于中国经济难以承受。资本账户管制是中国金融抑制的基石，后者使资金从居民部门流向政府部门和企业部门。在持续为负的实际存款利率之下，中国居民承担着沉重的隐性税赋。一旦资本账户忽然开放，他们有很强的动机将其资产投资于海外。与3.8万亿美元外汇储备相比，中国的居民储蓄高达40万亿元人民币。如果中国居民部门出现大规模的资本外流（这通常也会伴随着外资流出），即便动用外汇储备，也将很难稳定人民币汇率。由此导致的人民币贬值将诱发更多的资本外逃，从而形成一种恶性循环。

现存的金融脆弱性将加剧资本账户开放可能造成的尾部风险。在过去数年中，作为中国商业银行规避监管和对冲宏观政策风险的集体行动的结果，影子银行体系获得了蓬勃发展。尽管商业银行的资产负债表看起来状况良好，但它的表外业务，如理财产品、银信合作、银行同业借贷等，实际上隐藏着严重的期限错配、收益率错配以及其他风险。如果资本账户开放导致大规模资本外流，那么相应的利率攀升将导致影子银行泡沫破裂，从而引发痛苦的金融危机。2014年3月，中国一家民营太阳能企业（超日太阳能公司）宣布对其企业债的利息违约，这是中国企业债市场近20年来的第一单违约事件。市场预期，在不远的将来，企业债和信托产品的违约将纷至沓来，这无疑会导致投资者对国内金融体系的信心下降，并在资本账户开放的前提下增加资本大规模外逃的风险。

第四，中国资本账户管制的有效性正在下降，但总体还是有效的。更重要的是，如果中国政府愿意，它依然能够显著增强资本账户管制的有效性。根据大多数研究文献，尽管中国的资本账户管制存在一些漏洞，但大体上依然是有效的。在岸人民币市场与离岸人民币市场之间存在显著的息差与汇差，以及跨境资本流动面临的较大的交易成本，就是中国资本账户管制依然有效的明证（Ma and McCauley，2008；Otani et al.，2011）。另一个例子是，2013年第一季度，中国的出口增速异常高，这是因为大量跨境套利活动在货物出口贸易的伪装下进行。作为应对措施，中国人民银行和国家外汇管理局及时发布了若干新的监管措施以识别和处罚套利活动，2013年第二季度的出口增速明显下降。这一案例表明，只要愿意，中国政府仍有能力提升资本流动管制的有效性。

然而，正是推动人民币国际化的举措显著地削弱了资本账户管制的有效性。从 2009 年起，中国建立了资本账户管理的双轨制。以美元计价的资本流动仍处于国家外汇管理局的严格管理之下，而以人民币计价的资本流动则处于中国央行货币政策二司相对宽松的管理之下。因此，双轨制的管理方式为监管套利提供了新的空间：如果居民或非居民试图跨境转移资金，那么他们自然会先将资金从美元兑换成人民币。这种套利空间表明，如果中国央行真想加强资本账户管制，它能够通过加强对人民币计价资金流动的监管来实现这一目标。

第五，当前并非是中国加快资本账户开放的良机。美国次贷危机和欧洲主权债务危机的爆发的确一度降低了发达国家企业的估值水平，但在发达经济体集体实施量化宽松政策之后，目前发达经济体的股票价格已经创历史新高，这意味着发达国家企业已经不再便宜。此外，中国的对外直接投资面临着两难处境：国有企业虽然能够从本国银行获取充足的融资支持，却在海外面临东道国的质疑和抵制；民营企业虽然在海外面临的抵触较小，却无法获得金融支持甚至是政府许可。

从国内视角来看，作为长期高投资和内外需求疲弱的结果，产能过剩将会持续。这将导致商业银行不良贷款比率的上升以及投资者对国内金融体系信心的下降。从国外视角来看，美联储即将完全退出量化宽松政策并有望在近期步入新的加息周期，这将会增加境外市场的吸引力。把这两点结合起来考虑，一旦中国的资本账户全面开放，中国很可能面临大规模的、毁灭性很强的资本外逃。

　　第六，中国的资本账户开放需要遵从恰当的政策次序，至少应该满足以下前提条件：人民币汇率与利率形成机制的自由化，以及进一步改革国内金融市场。在资本账户管制依然大致有效的前提下，中国在过去几年中仍面临着大量跨境套利活动。这些套利活动的根源在于中国央行的汇率干预和利率管制，正是这些干预与管制导致在离岸市场与在岸市场之间存在显著的汇差和息差。如果中国在人民币汇率与利率自由化之前全面开放资本账户，会引发规模更大与波动性更强的套利资金活动，进而导致资产价格和通货膨胀的周期性大起大落。

　　中国还应该在全面开放资本账户之前，加速国内金融改革。Otani et al.（2011）指出，资本账户开放应该伴随着强健稳定的国内金融市场，尤其是一个极具深度和流动性的金融资产二级市场。Cappiello and Ferrucci（2008）则指出，如果国内金融自由化未能有效推进，那么资本账户开放只会带来大量的套利机会。Kose et al.（2006）也认为，只有在国内金融市场发展到特定水平后，资本账户自由化才能够刺激经济增长。因此，中国在国内金融市场改革方面至少面临两项紧迫改革任务：一是尽快对民间资本开放金融市场，二是建立系统的宏观审慎监管框架来应对现存的金融脆弱性，尤其是影子银行体系中存在的风险。

　　第七，在全球金融危机之后形成的新的国际趋势是对资本流动实施适当管理，而非迅速的资本账户自由化。在本轮金融危机之后，一些在过去已经开放了资本账户的新兴经济体（例如巴西和韩国），重新引入了特定的资本流动管理措施，以应对波动性日益增强的跨境资本流动。就连过去一直推崇国际资本自由流动的 IMF 都改变了论调，声称资本流动管理可以与宏观经济政策、宏观审慎监管一起，成为新兴市场经济体应对资本流动波动性的工具之一（Ostry et al.，2011）。

中国与其他新兴经济体相比并无二致。中国之所以能够从东南亚金融危机和全球金融危机中全身而退，主要原因之一就在于其对资本账户的管制。中国应该吸取其他新兴经济体在资本账户开放方面的经验教训，并对资本流动管理的国际新趋势予以充分重视。

政策建议

总而言之，中国目前应该对加快资本账户开放更加谨慎。中国的资本账户开放应该继续以一种渐进、谨慎、可控的方式加以推进。与此同时，中国政府应当克服种种困难，推进以下各项改革：

第一，尽快推进人民币汇率形成机制的市场化。中国央行应当减少对人民币兑美元每日中间价的干预，让其在更大程度上由市场供求力量来决定。中国经常账户余额与 GDP 的比率表明，当前的汇率水平已经非常接近均衡水平。然而，如果中国央行继续在外汇市场上进行干预，人民币汇率水平很可能从低估转向高估。相比之下，一国货币高估的风险要远大于低估的风险，因为前者更容易诱发资本外逃。自 2014 年 3 月 17 日起，中国央行将人民币兑美元汇率的每日波幅由±1% 扩大到±2%，这是进一步推行汇率形成机制市场化的正面举措。

第二，伴随着一系列配套改革的出台，人民币利率的市场化进程应该加快。目前人民币利率市场化的关键问题在于何时及如何放开基准存款利率，这是促进经济增长模式转型的关键步骤。但利率市场化可能带来新的风险。中国政府应当同时推进以下两种辅助性改革，以进一步推动利率市场化：一是建立存款保险制度，以允许国内银行和金融机构破产清算；二是建立宏观审慎管理体系，以应对与利率市场化通常如影随形的资产价格泡沫。2014 年 3 月，中国央行行长周小川表示，存款利率将在未来一年到两年内实现自由化，这表明了中国央行加快利率市场化的决心。

第三，及时推动国内金融市场改革。应该允许民营商业银行和其他民营金融机构的设立。部分高风险影子银行产品应被允许违约，以明确划分参与各方的责任，从而降低道德风险。表外业务的披露应该更加透明和彻底。中国金融机构，尤其是商业银行，应该启动去杠杆进程、积累更多资本以及增加不良贷款拨备。

第四，克服既得利益集团阻力，推进国内结构性改革。中国需要改善国民收入在居民、政府与企业三部门之间的分配，这意味着政府应当降低居民部门的税负，国有企业应向政府支付红利以弥补社会保障缺口。国有企业在诸如电信、交通、金融、教育和医疗等服务业部门的垄断格局应被打破，民营企业也应被允许进入这些行业。包括土地与能源在内的国内要素价格应尽快市场化。毫无疑问，这些结构性改革由于既得利益集团的抵制而极难推动，但现在中国必须直面和解决这些问题，因为中国经济已无法再承受结构性改革的延迟。

第五，中国应积极参与国际合作以协调资本流动管理。在金融全球化的今天，不仅国内货币政策具有负面溢出效应，大型经济体采取的跨境资本管理措施也同样具有负面溢出效应。中国应该参与到关于对跨境资本流动进行监测、预警和管理的国际合作中，这不仅有助于增强资本流动管理的有效性，还有助于树立中国在全球金融体系中作为负责任大国的形象。

参考文献

[1] Cappiello, Lorenzo and Ferrucci, Gianluigi (2008). "The Sustainability of China's Exchange Rate Policy and Capital Account Liberalization," *ECB Occasional Paper Series*, No. 82, March.

［2］CPC Central Committee（2013）." The Decision on Major Issues Concerning Comprehensively Deeping Reforms," the Third Plenary Session of the 18th Communist Party of China（CPC）Central Committee, 12 November.

［3］Kose, Ayhan; Prasad, Eswar; Rogoff, Kenneth and Wei, Shang-Jin（2006）. "Financial Globalization: A Repraisal," *IMF Working Paper*, No. 06/189, August.

［4］Ma, Guonan and McCauley, Robert N（2008）. "Efficacy of China's Capital Control: Evidence from Price and Flow Data," *Pacific Economic Review*, Vol. 13, Issue 1, pp. 104 – 123.

［5］McCauley, Robert（2011）. "Internationalizing the Renminbi and China's Financial Development Model," the paper presented at Symposium on the Future of the International Monetary System and the Role of Renmibi, 1 – 2 November.

［6］Ostry, Jonathan D. et al.（2011）. "Managing Capital Inflows: What Tools to Use," *IMF Staff Discussion Note*, No. 11/06, 5 April.

［7］Otani, Ichiro, Fukumoto, Tomoyuki and Tsuyuguchi, Yosuke（2011）. "China's Capital Controls and Interest Rate Parity: Experience during 1999 – 2010 and Future Agenda for Reforms," *Bank of Japan Working Paper Series*, No. 11 – E – 8, August.

［8］PBOC（2012a）. "The Conditions are mainly matured for China to accelerate capital account openness," Financial Survey and Statistics Department, People's Bank of China, February 13th.

［9］PBOC（2012b）. "To Push RMB Interest Rate Reform, RMB Exchange Rate Reform and Capital Account Liberalization Concertedly," Financial Survey and Statistics Department, People's Bank of China, 17 April.

［10］Yu, Yongding（2013）. "How Far Renminbi Internationalization Can Go," unpublished script, March.

［11］Yu, Yongding, Zhang, Ming and Zhang, Bin（2013）. "Dealing With Capital Account Openness Cautiously," Financial Times Chinese Web, 4 June.

［12］Zhang, Ming（2012）. "China's Capital Controls: Stylized Facts and Referential Lessons," in Regulating Global Capital Flows for Long-Run Development, Kevin P. Gallagher, Stephany Griffith-Jones, and Jose Antonio Ocampo（eds. ）, *Pardee Center Task Force Report*, Boston University.

［13］ Zhang, Ming and He, Fan (2012). "The Onshore—Offshore Arbitraging Phenomenon under the Process of RMB Internationalization," *Studies of International Finance*, No. 10.

［14］ Zhang, Ming (2013). "The Liberalization of Capital Account in China: Retrospect and Prospect," prepared for the International Economic Associations (IEA) Roundtable on Capital Flows and Capital Account Management, Izmir, 1 – 2 November 2012.

第六章 关于中国资本账户
自由化的几点思考

Vivek Arora（维维克·阿罗那）

Franziska Ohnsorge（弗兰西斯卡·奥恩索基）

引　言

近年来，资本流动显著增长，已经成为全球经济的重要特征之一。在中国，由于外国直接投资（FDI）的逐渐开放，自 1994 年起资本流动开始出现大幅增长。随着合格境外机构投资者（QFII）和合格境内机构投资者（QDII）机制的扩展，资本账户的其他部分也在逐渐放开。2013 年 3 月的全国人民代表大会提出了实现资本账户全面自由化的最终目标，2013 年 11 月的中国共产党十八届三中全会则给出了一个总体策略。

世界其他地区的资本流动也相当可观。发达国家在资本流动总量中的占比最大，尽管近年来这一比例已经从全球金融危机前的90% 下降到 75%。新兴市场国家和发展中经济体在全球资本流动总量中的占比相对较小，但其占比已经出现了急剧上升——危机前小于 10%，近期已经上升到 25%。此外，总的来说，新兴市场国家和发展中经济体的净资本流动占 GDP 之比普遍高于发达国家。

在中国开启资本流动自由化新阶段的同时，跨境资本流动问题在全球政策讨论中也受到了广泛关注，在多边和双边层面都是如此。

共识是资本流动可以为一个国家带来潜在收益,但同时其规模和波动性也将造成风险并带来挑战。由于资本流动影响着单个经济体和全球的经济金融稳定,政策制定者面临的重要挑战是建立一套管理资本流动的一致性方法。近年来在资本流动管理方面已经取得了一些进展,例如2011年G20发布的"关于资本流动管理的一致结论"。一些双边和多边国际协议也建立了适用于其签约国的资本流动管理标准和规则。然而,目前尚无关于放开和管理资本流动的综合性全球方法。

国际货币基金组织发布的关于放开和管理资本流动的"制度性观点"(institutional view)正是为了填补这一空缺所作出的努力(IMF,2012a,2013)。这一制度性观点是建立于大量理论、实证和国家经验的政策和学术文献之上的,它为放开资本流动限制以及对暂时性资本流入激增和破坏性资本流出的管理提供了大体原则。该观点也对资本流动管理措施(即限制资本流动的措施)的适用情况进行了分析。该观点将会引导国际货币基金组织对成员国的建议,但并不会影响成员国对国际货币基金组织或在其他国际协议下的权利和责任。这一制度性观点将根据新的实践经验、学术研究和各国有关部门的反馈意见不断演变。该观点中的某些部分可能对中国改革的现阶段发挥指引作用。

中国对资本账户自由化的再次关注,引发了有关中国资本账户自由化对全球的影响的研究。[①] Bayoumi and Ohnsorge(2013)对中国资本账户自由化对全球跨境证券敞口的影响进行了估计;He et al.(2012)考察了中国资本账户自由化对全球外商直接投资和证券资本流动的影响。两篇文献都预测取消,现存的资本管制将导致巨大的

---

① 有大量研究中国的各方面发展对世界的影响的文献。例如,Arora and Vamvakidis(2011)分析了中国经济增长对其他国家的溢出效应,Arora,Tong and Constantinescu(2013)讨论了中国与南亚的经济一体化问题。

资本外流。Hooley（2013）分析了中国资本账户自由化对全球金融稳定和作为金融中心的伦敦的影响。他强调了风险分散的益处，但也指出随着全球对中国资产和负债敞口的增长，世界经济将更容易受到源于中国的冲击的影响。

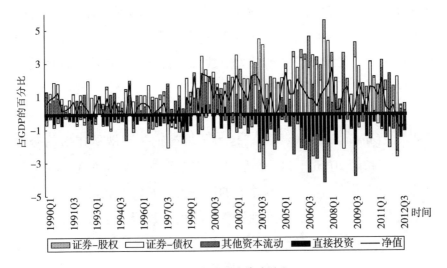

图 6.1　发达国家资本流入

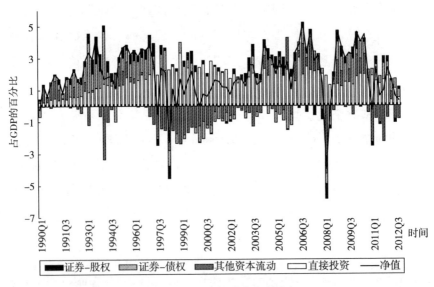

图 6.2　新兴市场国家资本流入

资本账户自由化的利弊

资本流动可以为一个国家带来提高效率、提升金融部门竞争力、促进生产性投资和平滑消费等许多益处。开放资本账户的一个重要附加收益是，随着一个国家的不断发展，金融体系也需要升级，而发达的金融体系往往是和开放的资本流动如影随形的。这一好处可能也是许多国家都倾向于进一步推进资本流动自由化的原因。[①]

同时，资本流动也会带来风险。全球金融危机表明，就算那些长久以来一直奉行开放原则并从自由资本流动中获益的国家，也可能面临由于金融和机构基础设施的缺陷而放大的资本流动风险。一般来说，当一个国家的金融和制度发展达到一个特定水平或阈值后，资本流动自由化的收益会更大，风险也会更小，而这一阈值又取决于收入和增长、宏观稳定和缓冲机制、管理以及营商环境等因素。

政策含义

我们将对三个主要政策含义进行探讨：

第一，不能假设完全自由化在任何时候都适用于所有国家。在特定时间适合特定国家的自由化程度取决于这一国家的具体情况，尤其是金融体系和机构。

第二，长期实行资本账户管制的国家很有可能从进一步的自由化中获益。例如，许多新兴市场经济体不但在增长和宏观经济稳定方面有着良好记录，还拥有大量外汇储备，债务水平也很低。对这些经济体来说，资本流动进一步自由化的收益可能高于实行现有管

---

① 根据"不可能三角"理论，更自由的资本流动必定意味着货币政策或者汇率政策自主性的减弱。

制的成本。从这个方面来看，中国进一步放开资本流动的方向是正确的。

第三，对逐步放开资本账户的国家来说，自由化进程应做到准备充分、把握时机、有序推进，才能确保自由化进程利大于弊。

现在最受认可的是自由化的"整体化做法"（integrated approach），即先满足安全自由化的前提条件，再分阶段逐步推进（各阶段之间有可能出现重叠）。资本账户子项目的开放次序应该是先放开 FDI 流入，再放开 FDI 流出和长期证券资本流动，最后是短期证券资本流动。自由化进程需要法律、金融和公司框架的改革以及金融市场发展的支持。如果一个国家发现，过于仓促的资本账户自由化进程导致其无法妥善应对随之而来的大量资本流动，那么在配套改革落实前，应暂时重新实施资本流动管理措施。

中国的做法

中国的资本账户改革策略在很多方面都与以上做法相符。首先开放的是 FDI（尤其是自 1994 年起），随后在过去的十多年中，证券资本流动也通过 QDII 和 QFII 等机制逐渐实现自由化，其主要手段是这些机制的规模和投资工具的扩张。与此同时，中国在调节资本流动所需的金融和其他配套改革方面也取得了很大进展。此外，中国也开始着力推行人民币国际化，资本流动开放有助于人民币国际化的推进，而人民币国际化也能起到促进资本流动开放的作用。

虽然中国的资本账户已经逐渐放开，但在许多方面仍存在限制，一些资本流动仍需审批以及受到配额限制，具体包括（IMF，2012b）：

外商直接投资。一些领域的外来投资及其破产清算仍然需要经过审批。从原则上来说，对战略产业的限制并不罕见，但也有人认为中国的限制范围要比其他国家更为广泛。

证券投资受配额限制。对内投资是通过合格境外机构投资者（QFII）渠道进行的，多数股票都受 3 个月锁定期和（自 2002 年起被逐步调高的）总额上限的限制。2011 年推出的人民币合格境外机构投资者（RQFII）制度允许合格机构用离岸人民币在中国进行投资，但也有额度上限限制。对外证券投资——本国居民购买外国证券——是通过合格境内机构投资者（QDII）渠道进行的，受具体机构投资限额上限的限制。2006 年 QDII 制度出台时，中国居民只能通过机构投资者在境外货币市场和固定收益市场进行投资；此后，QDII 制度的范围被逐渐放宽。跨境证券发行需要经过审批。

其他投资。从境外借入短期贷款受额度上限限制，从境外借入

	中国	马来西亚	韩国	巴西	印度	波兰	澳大利亚	俄罗斯	印度尼西亚	土耳其
金融项目	3.0	8.0	0.0	2.9	4.2	5.4	−5.1	0.8	0.9	5.3
非FDI资本项目	−0.2	6.5	1.3	1.6	3.2	3.5	−3.9	1.0	0.0	2.9
FDI净值	3.2	1.5	−1.4	1.3	1.0	1.9	−1.3	−0.2	0.9	2.4
流入	4.0	4.7	0.3	2.1	2.2	3.0	1.3	3.0	1.8	−0.3
流出	−0.8	3.2	−1.7	−0.8	−1.2	−1.1	2.6	3.2	−0.8	1.0
证券投资净值	−0.1	0.4	0.8	1.8	1.3	1.3	−4.2	0.3	1.3	0.0
股票	−0.5	2.3	−1.9	1.2	…	…	0.8	−0.1	…	0.0
债券	−0.5	−0.5	1.8	0.7	…	…	−5.0	0.4	…	0.4
其他投资净值	−0.1	6.2	0.6	−0.3	1.9	2.2	0.3	0.7	−1.3	2.9
负债	1.8	1.1	1.5	0.9	1.0	−0.1	−1.9	−3.6	…	2.9
资产	−1.9	4.9	−0.9	−1.1	0.9	2.3	2.2	4.3	…	0.0
国际投资头寸:证券和其他投资										
资产	15	30	21	6	1	9	47	17	4	10
负债	16	64	60	33	24	54	95	36	32	46

注：深浅不同的灰色代表了每行中绝对数值的四分位数，其中深灰代表最低的四分位数，浅灰代表最高的四分位数。澳大利亚、俄罗斯和马来西亚的数据基于《国际收支和国际投资头寸手册》（第六版）（BPM6），其他国家的数据基于《国际收支和国际投资头寸手册》（第五版）（BPM5）。

数据来源：Haver Analytics，IMF IFS，工作人员估计。

图 6.3　资本流动占 GDP 比例（2005 – 2010 年平均值）

长期贷款需经过审批，但总的来说向境外借出资金不受限制。持有跨境账户需要经过审批。个人向境外汇款的年度总额限制为 50 000 美元。居民个人可以在境外购买不动产，非居民也可以将不动产交易所得汇回海外。

尽管还存在一定的限制，但由于管制的逐渐放开，中国面临的资本流动规模是相当可观的。中国 FDI 流动总量在截至 2012 年的十年中在全球排名第五（仅次于美国、英国、奥地利和卢森堡）。其他投资流动（包括国内银行外币存款的存入或取出）的规模也和其他完全开放国家类似。由于国有企业会根据汇率预期对利润汇回进行调整，外币存款也会随之出现波动。除这些官方记录的资本流动外，还有一些通过经常账户的资本流动，但其具体规模难以估计。只有受到严格管制的证券资本流动规模与其他国家相比仍然较小。

在逐渐解除部分资本管制的同时，中国在落实调节资本流动所需的金融和其他配套改革方面也取得了进展。此外，人民币国际化进程也与资本流动开放齐头并进。尽管如此，Lardy and Douglass（2011）认为中国资本账户开放的必备条件（他们认为包括强健的银行体系、发达的金融市场和均衡的汇率水平）仍未成熟。

在过去三年中，有关部门重申了它们继续推进资本账户自由化的意愿。2010 年 10 月发布的"十二五"规划指出，要逐步实现资本项目可兑换，2013 年的中国共产党十八届三中全会也同样提出要有序提高跨境资本和金融交易可兑换程度，建立健全宏观审慎管理框架下的外债和资本流动管理体系，加快实现人民币资本项目可兑换。新成立的中国（上海）自由贸易试验区则为在受到密切监控的试点计划下实验资本账户自由化提供了机会。

中国资本流动自由化对中国和世界的影响

资本账户的进一步开放是中国经济转型中顺理成章的一步。由于中国经济的巨大体量及其在全球经济中的重要地位，中国资本账户的进一步开放很有可能对中国乃至全球产生影响。近期文献对中国资本账户进一步开放可能造成的影响进行了研究。

Bayoumi and Ohnsorge（2013）与 He et al.（2012）对中国解除对证券资本存量和流量的资本管制可能造成的影响进行了测算：[①]

- 中国资本账户开放后，随着全球和国内投资者对持有的证券进行调整，很可能出现巨大的总资本流动。

- 由于国内投资者将对大量国内储蓄进行分散化投资，在调整阶段，股票市场和债券市场可能出现净流出。这与印度等国家开放资本账户后可能造成的后果相反。

- 证券投资的净流出将在未来的几年内减轻由净 FDI 流入、其他投资流入或经常项目顺差造成的外汇储备持续累积的压力。

大量的总资本流出和流入可能导致全球资产价格的大幅变化。Benelli（2011）考察了在资本账户开放导致的私人证券资本流出被投资于新兴市场，且这些流出对应的是外汇储备下降的情况下可能造成的后果。他预计，如果将 5 000 亿美元从美国政府债券市场转入新兴经济体政府债券市场，美国债券收益率将上升 60 个基点、新兴市场债券收益率将下降 240 个基点。Bayoumi and Ohnsorge（2013）和 He et al.（2012）的研究结果认为这一影响甚至会更大。

Hooley（2013）对中国融入全球金融体系对全球金融稳定的影响进行了研究。除了改变全球资产价格之外，中国资本账户自由化将会促进人民币的国际使用，并使包括伦敦在内的人民币离岸市场进一步壮大（Craig et al.，2013）。人民币国际化以及中国投资者和借款人在国际金融市场上的活跃表现，将使国际金融体系和中国金

①　对于这一分析有几点需要预先说明，我们在这里强调其中两点。第一，这些是维持除资本账户自由化外的其他因素不变的局部均衡预测。第二，由于资本流动是逐渐被放开的，存量的调整可能会分几年完成，其全球影响也会相应减弱。

融体系更为紧密地结合在一起。

中国资本账户的进一步开放为储蓄带来了更多的投资选择，以及通过外国金融产品分散风险的机会，因此也可能对中国金融市场产生影响（Hooley，2013）。同时，资本账户的进一步开放也有可能造成国内金融稳定风险，因此有必要进行密切监控。利率控制持续压低银行存款利率，中国自 2003 年起就开始出现负实际利率。Lardy and Douglass（2011）认为，资本账户自由化将迫使银行提高存款利率，从而对银行利润产生负面影响。目前，对居民来说，除储蓄之外的主要投资渠道有股市、理财产品和房地产市场。如果居民被准许进入全球金融市场，那么这三个国内金融市场的流动性将出现收缩。

结　　论

总的来说，参考国际货币基金组织的制度性观点，与资本账户自由化相关的要点有以下几个。制度性观点的主要目的是帮助我们提供政策建议，并不会改变成员国对国际货币基金组织或在其他国际协议下的权利和责任。当金融和制度发展水平适当且宏观经济形势强健时，资本流动自由化的收益最大。不存在完全自由化在任何时候都适用于所有国家的假设，但那些长期实施限制的国家可以从进一步自由化中受益。自由化进程应做到准备充分、把握时机、有序推进。

中国开放资本账户的举动是广受欢迎且恰当的。解除存在已久的资本管制措施可以带来显著的经济利益。然而，快速扩张的金融部门仍存在扭曲，汇率也仍受到管理。因此，必须谨慎对待这三个领域（资本账户、金融部门和汇率）的自由化措施的优先次序问题。

中国的资本账户自由化也可能对其他国家产生影响。中国的资本流出总量可能会由于中国储蓄在海外的分散投资而出现上升，而资本流入也可能会由于国际投资者看好中国的增长潜能而出现上升。随着中国金融体系融入全球金融体系，风险分散将带来一定收益，但同时也可能加剧冲击在两者间的相互传导。中国资本账户的进一步开放可以为中国和世界带来重大利益，应通过更为谨慎的计划和实施来达到收益最大化和风险最小化。

参考文献

［1］Arora, V., H. Tong, and C. Constantinescu (2013). "China and South Asia: The Economic Dimension," presented at China and the World workshop at Shorenstein Asia-Pacific Center, Stanford University, June.

［2］Arora, V. and A. Vamvakidis (2011). "China's Economic Growth: International Spillovers," in *China and the World Economy*, Vol. 19, No. 5, September-October, pp. 31 – 46.

［3］Benelli, Roberto (2011). "Potential impact on global bond markets of reallocating reserves," China: Spillover Report for the 2011 Article IV Consultation and SelectedIssues, International Monetary Fund, 20 July.

［4］Craig, Sean; Changchun Hua; Philip Ng; and Raymond Yuen (2013). "Development of the Renminbi market in Hong Kong SAR: Assessing Onshore-Offshore Market Integration," *IMF Working Paper*, No. 13/268.

［5］He, Dong, Lillian Cheung, Tommy Wu, and Wenlang Zhang (2012). "How Would Capital Account Liberalization Affect China's Capital Flows and the Renminbi Real Exchange Rate?" *China and the World Economy*, Vol. 20, No. 6, pp. 29 – 54.

［6］Hooley, John (2013). "Bringing down the Great Wall? Global implications of capital account liberalization in China," *Bank of England Quarterly Bulletin* (December) pp. 304 – 316.

［7］International Monetary Fund (2013). Guidance Note for the Liberalization and Management of Capital Flows, Washington, D. C.: International Monetary Fund.

［8］ International Monetary Fund （2012a）. The Liberalization and Management of Capital Flows—An Institutional View. Washington, D. C. : International Monetary Fund.

［9］ International Monetary Fund （2012b）. IMF Annual Report on Exchange Rate Arrangements and Exchange Restrictions. Washington, D. C. : International Monetary Fund.

［10］ Kokoszczyński, Ryszard （2013）. "Poland's Experience with Capital Account Management," in: Rodlauer and N' Diaye （eds.) IMF and PBC Joint Conference on Capital Flows Management—Lessons from International Experience, 20 March.

［11］ Lardy, Nicholas and Douglass, Patrick （2011）. "Capital Account Liberalization and the Role of the Renminbi," *Peterson Institute for International Economics Working Paper* No. 11 – 6.

［12］ Rodlauer, Markus and Papa N' Diaye （2013）. IMF and PBC Joint Conference on Capital Flows Management—Lessons from International Experience, International Monetary Fund and People's Bank of China, Beijing 2013, e-book available at https: // www. imf. org/external/np/seminars/eng/2013/capitalflows/pdf/032013. pdf.

［13］ Sedik, Saadi Tahsin and Tao Sun （2012）. "Effects of Capital Flow Liberalization-What is the Evidence from Recent Experiences of Emerging Market Economies?" *IMF Working Paper*, No. 12/275.

第七章　中国资本账户开放：可借鉴的经验教训

Jan Kregel（简·克雷戈）

悖　论

经济去监管化和自由化已经成为不同地区的发展中国家面临的两个截然不同问题的外部政策建议的首选。首先，作为"华盛顿共识"中包含的结构调整措施，去监管化和自由化是针对失败的国内工业化策略问题的解决方案。这一问题通常出现在有着低增长、外部赤字和财政赤字、汇率不稳定以及恶性通货膨胀的南半球国家。但是，这些措施同时也被当做纠正带来了亚洲地区高储蓄及投资、高增长、外部和财政盈余、汇率以及价格稳定的高度成功政策的手段。

自由化同时是应对危机和成功的解决方案，因此就出现了这样一个悖论，即同样的一套政策（尤其是资本账户自由化）为何能纠正两种完全不同的经济功能失调。事实上，人们可能会好奇，为什么高度成功的经济表现需要被纠正，以及自由化的缺失在何种程度上扮演着经济表现的成功（或是失败）的根源。

对于这一悖论有两种解答。第一是去监管化和自由化的组合并不是为了解决实施这些措施的发展中国家的经济表现问题，而是为了解决发达国家面临的问题（主要表现为不可持续的全球失衡）所提出的方案。这些政策往往是发展中国家在来自于发达国家的直接压力下实施的（亚洲属于这种情况），又或是发展中国家在（受发达国家的影响的）多边金融机构的压力下实施的（南美洲属于这种情况）。

对悖论的第二种解答，是评估政策时的具体原则（也就是所谓的讨论框架）出现了错误。讨论框架通常将无监管的、自由化的市场体系视为正常状态，并错误地将此体系当做目的本身而不是达到目的的手段。因此，政策制定是以开放市场为目标，而不是为达到收入增长、公平或就业等国内政策目标而创造更为开放的条件。

本章将首先考虑第二个解答，并将重点指出，对市场体系运作的不当理解使与之相关的政策建议难以实施，并往往造成预料之外的后果。然后，本章将讨论这些政策是如何被应用于那些"成功国家"（如上所述，主要是亚洲）的，并强调这些政策是如何（由于框架的错误）造成了与预期完全相反的结果。中国属于那些高度成功的国家中的一员，在一些发达国家眼中，这造成了严重失衡并损害了发达国家的经济表现。因此，就像日本和韩国一样，中国面临着开放国内金融市场的内外压力。

框　　架

几乎所有支持自由化的政策都基于两个假设：第一，一个正式的市场可以存在；第二，有一定数量的以利润最大化为目标的市场参与者来形成一个可以产生有效率的均衡结果的自我调节机制。自由化可以减少这一理想过程中的扭曲和障碍。但是，在大多数情况下，以上两个条件并不能得到满足。人们本应对通过政策工具想要达到的目标进行分析，但往往却将工具本身（也就是自由市场）当成了到要达到的目标。多边金融机构向发展中国家提出的建议充分体现了这一错误。

这类错误在两个领域最为常见，第一个领域是劳动力和资本市场。在这两个市场中，被交易的究竟是什么都还不完全清晰，更不用说这一"市场"是否存在以及是否能够有效运作了。并且，在这两种情况下所谓的自我均衡过程显然是不存在的。凯恩斯在《就业、利息和货币通论》中观察到，供给和需求方程都不是独立于经济中的其他因素的，证明了在劳动力市场上的确如此。劳动力的过度供给会使工资和居民收入下降，这本应造成利润和投资的上升，但与之相反，销售的下降会降低对劳动力的需求并导致闲置产能增加，从而减弱增加投资的意愿。在这种情况下，市场机制是一个自我强化的累积过程，而并不会实现自我调节。但是，不能了解劳动力市场并不决定就业水平这一事实，比起自我调节机制失效来说是一个更为严重的问题。

另外一个领域是金融市场。当利率不能自由调整至均衡水平时，就导致了所谓的金融抑制。基于发展中国家的低储蓄阻碍了资本投资和高增长的假设，解决方案是让这些国家实现国内利率自由化，并在国际资本市场上从发达国家那里借入储蓄。全球资本市场的自由化将导致资本从资本密集型生产、回报率低的发达国家流向资本贫乏、回报率高的发展中国家。

这里的主要问题是无法确认资本回报率。"剑桥资本争论"① 不但说明并没有通过回报率的比较来得到配置的所谓"资本"，也说明资本和其回报率之间并不存在具体的正相关或负相关关系。

---

① "剑桥资本争论"是 20 世纪五六十年代以美国麻省理工学院教授萨缪尔森、托宾、索洛等为代表的新古典综合派与以英国剑桥大学教授罗宾逊夫人、卡尔多、斯拉法等为代表的新剑桥学派之间的争论，争论的焦点是新古典理论的逻辑一致性问题，例如异质性资本品的加总问题。

虽然不管是从国内角度还是从全球角度来看，要确认资本市场自由化究竟意味着什么都面临着上述种种困难，IMF 仍然将这一工具当做一个持续推进的目标。20 世纪 90 年代，IMF 建议对《国际货币基金组织协定》进行修改，废除第六条款，并将资本账户可兑换加入到已经包括经常项目可兑换的成员承诺中去。

就像 IMF 推进资本账户可兑换一样，中国的资本账户自由化进程也由于 1997 年的亚洲金融危机受到了阻碍。但是，中国政府仍然有决心沿着这条路走下去。其"十二五"规划宣布中国将逐步实现人民币资本项目可兑换，中国共产党十八届三中全会也提出要加快实现利率市场化和人民币资本项目可兑换。

外部压力

我从未发现任何一个发展中国家将资本账户自由化本身作为目标，但也许中国最终将成为这一例外。并且，只有在少数情况下，一个国家会在没有来自发达国家或多边机构的国际压力的情形下，出于便利或是效率的考虑自愿采取此类措施。这是因为资本流动自由化牵涉到几乎所有的经济政策领域，如果其他经济领域没有实施配套的政策决策，资本流动自由化政策是难以实施的。因此，任何对"管理"资本账户自由化的讨论都必须超出影响或管理资本流动的技术性工具，并且应该考虑"管理"其他经济现象可能带来的影响。在这里意外后果法则似乎是适用的。

从这个方面来看，考虑到美国将中国归为汇率操纵国的压力，日本和韩国在 20 世纪 80 年代中期的快速自由化经验值得借鉴。迫于美国的压力，日本同意通过开放国内资本市场让日元升值：

……在几个问题中，汇率问题是最重要的。无可否认的是，美国或对或错地将日本金融市场的所谓"封闭性"当成了导致美元兑日元持续升值的主要因素，这是造成美国态度如此强硬的主要原因。与此同时，美国经常项目的恶化也已使美国国会内出现了保护主义情绪……很明显，如果没有来自美国的压力以及由此而生的美日协议，日本的金融去管制步伐本会放慢许多。值得一提的是，虽然美日协议的本意是通过日元国际化来支持日元兑美元汇率，协议的实际后果却大相径庭。1985 年美元汇率趋势逆转后，日本的去管制措施在维持美国资本流入和限制美元过度贬值方面起到了辅助作用。(Osugi，1990——斜体为笔者作的强调)

市场自由化最终可以带来均衡的假设，又一次产生了完全相反的结果。① 当时的假设是日本的市场限制抑制了本应进入日本的投资，但事实上由于国内投资者被允许进行分散投资，市场限制的放开反而造成了大量资本外流。

最后是有关利率政策的日本经验。众所周知，日本是"广场协议"的主要签署国，"广场协议"目的是抑制在美国国际收支状况快速恶化情况下仍然持续升值的美元汇率，而"卢浮宫协议"的目的是控制此后发生的相反状况。由于美国经济陷入衰退，并意图放宽美联储主席保罗·沃尔克自 1979 年起实行的货币政策，如果美国利率相对日本利率出现下降，那么当时急剧贬值的美元将使情况进一步恶化。美国强迫日本也相应下调利率，加上日本快速的资本账户自由化，造成了日本股票和房地产市场的繁荣，最终为日本战后的高增长时代画上了句号。当时，日本的经济增长率与中国相同或是更高，也有着相似的经常项目顺差。

---

① 2002 年，已经有学者注意到中国也面临类似处境："从中国经济的特点所得出的总体印象是，中国的初始情况与导致典型资本流入问题的情况并不相似……尤其是，自由化导致大量资本流入的情况出现在中国的可能性较小，其风险也较低……中国面临的主要挑战应该是如何成功管理自由化带来的由于分散投资渠道增多而造成的资本外流"（Icard，2003）。

韩国的金融自由化：
从谨慎到外部借债，再到亚洲金融危机

20 世纪 80 年代后半期，当韩国对美国的经常项目顺差造成贸易冲突时，韩国所面临的问题也证明了类似道理。

美国指责韩国的汇率"操纵"行为，并要求韩国加快贸易和金融自由化进程，并提高其自由化进程的透明度。为了解决两国之间的金融摩擦问题，1989 年 8 月，韩国和美国同意在需要时进行金融政策对话。经过几轮对话后，双方同意制定金融部门自由化和开放的三步计划……计划的第三个阶段涵盖了利率自由化、对大型企业银行贷款的限制、短期融资和外汇及资本账户自由化等重要领域……其目的在于在 1997 年使韩国金融部门实现全面自由化（Park，1996，252–253）。

事实上，20 世纪 80 年代早期韩国的金融自由化进程可以说是谨慎而缓慢的。对金融开放采取谨慎态度，是为了防止外部因素对国内金融自由化进程造成更多干扰。事实上，韩国早期对快速自由化的抗拒解释了韩国经济增长（相对于墨西哥）的成功。墨西哥迅速地实行了自由化措施，但却且没有采取适当的监督管理措施。

虽然金融自由化的进展较慢，但自 20 世纪 90 年代起，韩国的金融市场和金融政策开始加速发展。

韩国政府这种与过去几十年来的发展政策相悖的做法令人费解……政府非常重视加入经济合作与发展组织（OECD），而成为 OECD 成员的条件之一就是金融开放。作为改革的一部分，政府废除了经济企划院这一自 20 世纪 60 年代早期以来负责制定经济策略的主要机构，并将财政部发展成为最高经济机构。国内借款企业发现，国外的借贷成本仅为国内的一半。外债不断上升，其中大部分

都是私人部门的短期（期限等于或少于12个月）外债。在韩国，银行和企业借入的外债出现了爆炸式增长，从20世纪90年代早期的少额外债上升到了1997年后期的1 600亿美元（Wade and Veneroso，1998）。

然而，政府意识到了由利差导致的资本流入增加的风险，并计划在国内改革趋于稳定之前，暂时延缓金融自由化进程。因此，

虽然广泛的资本管制持续存在，国内外的利差以及经济的光明前景……使韩国成为了国外投资者眼中最具吸引力的新兴市场经济体。此外，……就连危机爆发前（20世纪90年代中期）实行的资本账户部分自由化也带来了大量资本流入……因此，在此期间短期外债的增长速度远快于长期负债增长速度，且金融部门成为主要负债人。1994 – 1996年，银行部门外债增长占总外债增长的70%（Wang and Shin，1999）。

韩国中央银行为支持借入短期贷款的金融机构、几乎耗尽外汇储备的事实被发现后，投资者开始撤回对韩国的贷款，这导致了汇率崩溃，进而引发了全面危机。随后IMF向韩国提供救援时，将危机的责任归咎于工业化政策和韩国垄断企业的高负债率，要求全面清理韩国财阀体制（家族企业集团），并提倡加快自由化进程。

Jang-Sup Shin（2013）注意到了结构问题导致危机这一说法的自相矛盾之处，因为在危机前，正是这一经济结构的积极作用使韩国成为自由化政策的招牌。他认为1997年的危机并非由深层次体制问题造成，而是金融自由化导致的政府、金融机构以及部分企业在风险管理上所犯下的错误共同作用的结果。

尽管有IMF的援助计划（而不是因为有IMF的援助），韩国还是迅速从危机中恢复了过来。高利率政策和激进的结构改革使公司破产和金融部门坏账上升，实际上导致了韩国经济形势的恶化……IMF援助计划下的改革措施降低了韩国的经济增长潜能，给韩国经

济带来了长期的负面影响。2001－2007 年，韩国平均经济增长率下降到了 4.7%，约为 1990－1997 年的一半。企业投资停滞不前，国内经济增长主要靠居民部门债务的增加拉动。

因此，尽管韩国有意控制自由化步伐以避免经济受到因资本流动迅速逆转而导致的损失，韩国仍然被推向了一场金融危机，其后果是自由化以及曾给韩国带来成功增长表现的发展策略的快速瓦解。然而，这些政策的实施对解决韩国和发达国家间的贸易失衡问题作用甚微，在经济复苏过程中贸易失衡问题又迅速重现了。

工具与目标

基于日本和韩国的经验，中国面临的真正问题是如何运用自由化工具来达到中国政策制定者的目标。中国人民银行近期的一项研究列举了资本账户自由化可以带来的益处：[①]

- 为中国企业在全球范围内的发展提供支持；
- 鼓励劳动密集型企业转移到劳动力成本较低的国家和地区，从而促进经济结构调整；
- 有利于增加跨境人民币使用，推进人民币国际化。

中国人民银行的研究给出了成功的资本账户自由化所需的四项基本条件：宏观经济稳定、外汇储备充足、金融机构稳健和金融监管完善。

日本和韩国的经验表明，后两个因素是非常不可靠的。这些是实施资本账户管制时期的经验，后两个因素不能保证在自由化时期仍然有效。

中国资本账户自由化进程将分为三个阶段（共十年），其中大多

---

① http://scepticalmarketobserver.blogspot.com/2012/03/capital-account-liberalisation-in-china.html.

数措施集中在最后五年：在三年内放松有真实交易背景的直接投资管制，鼓励企业在海外投资；在三年到五年内，放松有真实贸易背景的商业信贷管制，助推人民币国际化；在五年到十年内放开证券投资、房地产投资以及其他与银行相关的资本流动。

其他建议包括：先放开资本流入后放开资本流出、先放开长期资本后放开短期资本、先放开机构投资者后放开个人投资者、先放开非居民在中国投资后放开中国居民在海外投资。

中国人民银行的报告在研究以上问题时并没有借鉴其他亚洲国家的经验，尤其是在开放的国内金融体系结构以及自由化对利率和汇率的影响方面。有趣的是，前文列举的支持自由化的因素与 Icard（2003）指出的将造成资本外流风险的情况非常类似，这意味着资本流入和流出的优先顺序尤为重要。中国人民银行的报告也没有考虑到汇率和资本流动波动性上升的影响，这将会直接影响到人民币作为计价和结算货币的角色。

关于中国人民银行制订的这一进程表，亚洲经验给我们提供了三个教训。第一，自由化的直接影响是难以预测的，这也是自由化进程应循序渐进的原因。第二，由于自由化对汇率的影响是难以预计的，明确的汇率政策①目标应该是制定自由化相关决策时应考虑的重要因素之一。第三，外国对国内资产的投资和国内对外国资产的投资的相关措施的优先次序应该是不同的，且应与汇率政策充分协调。

---

① 汇率一直被认为是发展中国家工业化策略的关键变量，"新发展主义"再次强调了这一点。"新发展主义"认为不应依赖外部资本，因此也就并不需要进行任何资本市场自由化改革。参见 http://www.tenthesesonnewdevelopmentalism.org.

参考文献

［1］Auerback, Nancy Neiman (2000). "States, Banks and Markets: Mexico's Path to Financial Liberalization," *The Political Economy of Global Interdependence Series*. Boulder: Westview Press.

［2］Icard, Andre (2003). "China's capital account liberalization in international perspective," *BIS Papers*, No. 15, April.

［3］Osugi, K. (1990) "Japan's Experience of Financial Deregulation since 1984, An International Perspective," *BIS Economics Papers*, No. 26, pp. 8 – 9, January.

［4］Park, Won-Am (1996). "Financial Liberalization: The Korean Experience," in Takatoshi Ito and Anne O. Krueger (eds.) *Financial Deregulation and Integration in East Asia*, NBER-EASE Vol. 5. pp. 252 – 253. Chicago: University of Chicago Press.

［5］Shin, Jang-Sup (2013). *The Global Financial Crisis and the Korean Economy*, London: Routledge.

［6］Wade, R. and F. Veneroso (1998). "The Asian Crisis: The High Debt Model Versus The Wall Street-Treasury-IMF Complex," *New Left Review I*, No. 228 (March-April).

［7］Wang, Y. and I. Shin (1999). "How to Sequence Capital Market Liberalization: Lessons from the Korean Experience," paper at the conference on "How Open Should Capital Markets be? Fine Tuning Regulation and Deregulation," organized by the Friedrich Ebert Stiftung, Frankfurt, Germany, December 7 – 8, 1999.

第八章 中国金融去监管化：批判式分析

Suanda Sen（苏兰达·森）

改革和金融稳定

一国的金融改革不一定有助于稳定，过去几年间中国金融业的发展已经证明了这一点[1]。尤其是，一旦市场脱离现行的管制，对进一步变革的预期就容易引起更大的不确定性，从而造成市场不稳定。对中国放宽资本账户管制的不同阶段的回顾表明，我们需要谨慎对待此类改革政策。

通过回顾中国的金融去监管过程，可以看到中国资本账户管制的一些重大突破，每个突破都意味着货币管理的重大变化。

首先，中国在 2005 年宣布结束当时 1 美元兑 8.27 元人民币的固定官方利率。人民币汇率立即出现了上升，并在此后不断升值。

中国外汇管理的第二个突破发生在 2007 年。中国开始允许私人持有外汇，但是人民币仍然持续升值，私人外汇并没有通过投机对人民币汇率造成影响（Long，2013）。

第三个中国汇率政策的重大突破发生在 2011 年 9 月，人民币汇率双向浮动时代来临（Long and Qiaowei，2012）。这终止了长期以来

---

[1] 更多分析请见 Sen（2012）。

的人民币汇率单边升值共识。这一措施使人民币在 2012 年 4 月首次出现贬值，并在此后的至少六个月内出现持续贬值趋势①〔即使在 2011 年 9 月之后，人民币仍在升值（虽然升值速度较慢），直到 2012 年 4 月才开始贬值（Long，2013）〕。

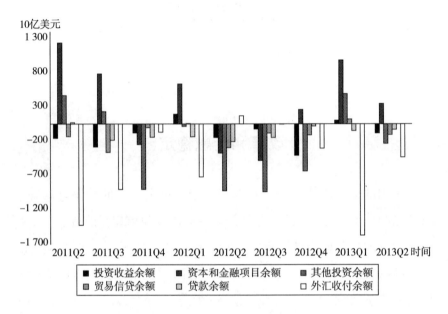

注：金融项目余额转负的一个原因是投资收入逆差，这看起来有些自相矛盾，因为中国持有大量美国国债。其中一个解释是相比国外持有的中国资产的回报率，中国持有的美国国债的回报率一直较低。

数据来源：国家外汇管理局，www. safe. gov. cn/wps/portal/english/。

图 8.1　中国国际收支构成

与此同时，中国的货币管理也在 2012 年 4 月出现了第四个转折，人民币兑美元汇率单日浮动幅度由 0.5% 扩大至 1%。尽管这一措施允许汇率出现更大的双向波动，但是中国专家预计这一措施也

---

① 基于 exchange-rates. org 2012 年 5 月 7 日至 2013 年 11 月 1 日的数据。

将鼓励人民币在国际市场上的使用①。这一措施预示了上面提到的发生于 2012 年 4 - 8 月的汇率贬值。

最后，中国金融管理的最新转折是 2013 年 11 月的中国共产党十八届三中全会宣布在上海建立自由贸易区。主要改革措施包括建立货币完全自由兑换的中国（上海）自由贸易试验区，并在全国范围内推进利率市场化。

去监管化和内在不稳定性

从以上中国金融业监管的变化中，可以找到一些不稳定因素的源头。

但是，让我们先来关注一下中国的外部平衡问题。自 2011 年起中国金融项目余额开始出现前所未有的下降。中国的金融项目余额在 2011 年第四季度首次转为逆差，随后在 2012 年第二季度和第三季度再次出现逆差（SAFE, n. d. ）。上述金融项目余额变化引发了许多问题，包括中国是否存在资本外逃现象（Shibo and Long, 2012）。

金融项目余额转负的其中一个原因是投资收入逆差，这看起来有些自相矛盾，因为中国持有大量美国国债。其中一个解释是相比国外持有的中国资产的回报率，中国持有的美国国债的回报率一直较低（Yongding, 2014）。

继续关注中国金融项目的负向流动，也可以看到中国外汇储备项下的负余额，这表明官方外汇储备出现了相应增加，这一现象从 2011 年第一季度（或更早）就已经开始了。官方外汇储备增加的主

---

① 这一措施起到了传递进一步贬值预期的信号的作用。详情见 "China widens yuan's trading bank against USD", Xinhuanet News, 14 April 2014, news. xinhuanet. com/english/china/2012 - 04/14/c_ 131526335. htm。

要原因是持续的大额贸易顺差以及多年来的大量外商直接投资流入。

要跟踪中国市场近年来的投机热并不困难。其中一个迹象是证券投资资本流入（主要是通过理财基金）的增加，在 2012 年第四季度，证券资本流入已经高达 9 290 亿美元。正如《华尔街日报》所指出的，这些理财产品通常是被银行当做（回报率被政府压低的）银行存款的替代品而推销的短期投资产品。其中约一半资金投资用于政府或公司债券和货币市场产品等低风险资产……但也包括了许多其他基础资产，比如说开发商贷款、应收账款以及黄金珠宝等贵重物品（McMahon and Back，2013）。证券投资的负债（流入）超过了资产（流出）的上升，因此总体仍是净流入状态。[①] 上述情况都造成了储备的上升，并通过金融项目余额导致国际收支出现负值。

通过进一步研究造成国际收支中金融项目余额转负的因素，可以发现自 2011 年第四季度起，"其他投资"项出现了逆转。这与以下几个因素有关：

（1）净短期贸易信贷的下降，其（负）余额在 2012 年第二季度达到最高点（-33 亿美元）。可以从两方面解释这个数字：一方面是中国的出口贸易信贷下降；另一方面是中国进口贸易的信贷上升（主要和人民币持续升值有关）。不出意料，净贸易信贷在 2011 年第四季度和 2012 年第一季度期间剧烈上升，明显是由于这期间的人民币贬值所造成的。

（2）自 2011 年第三季度起，中国借出的短长期贷款均出现负余额，这不难理解，主要原因包括人民币升值预期。

（3）银行外币存款（主要是美元）提取的增加，在某些年份"其他投资"项下的"货币和存款"出现了间歇性下降，其主要原

---

① 然而，考虑到资金流出压力较大，上述短期证券投资流入将会加剧脆弱性，特别是那种依赖于人民币汇率升值的证券投资资金流入，这在市场上非常普遍。

因也是人民币升值预期。

（4）中国的对外支付也受到贸易商根据人民币汇率变化预期提前或推迟交易的影响。国外进口商延期付款，国内的进口商提前支付，双方都从人民币持续升值中获利，净出口的外汇收入被延迟。这种情况一直持续到 2011 年 9 月，2012 年 4 月又再次出现。

（5）正如 Shibo and Long（2012）所指出的，企业根据汇率变化预期行事的问题也一直存在。在 2011 年 9 月人民币汇率双向浮动以前，看多人民币的外国企业倾向于收取人民币并以美元付款，从而造成了贸易结算中人民币收款/付款的明显不平衡。但是，2011 年 9 月之后，外国企业开始以人民币支付、收取美元，这表明他们看空人民币、看多美元。这一变化造成的后果是人民币结算收款/付款比率从 2011 年 1 - 8 月的 1:2.2 变为 2011 年 9 - 12 月的 1.4:1，2011 年全年的总比率仍为 1:1.3（2010 年的比率为 1:5.3）（Long and Qiaowei，2012）。2007 年允许私人持有美元后，企业可以通过向银行借入外汇来卖出超出自身美元收入的美元，因此在预期人民币升值的情况下，银行外汇贷款持续上升。LangSha and Chang（2011）指出："总体来看，数据显示中国进口/出口商过去从银行借入美元并兑换为人民币，但是这种长期以来的做法在 2011 年 10 月发生了逆转，从大的负值转为小的正值。"中国公司减少了美元债务并增持了美元资产，导致资本账户外流增加。这表明美元可能从私人渠道流出并造成了资本账户逆差（LangSha and Chang，2011）。

（6）从跨境收付余额和贸易余额之间的差额也可以看出自 2011 年 9 月起出现的人民币汇率预期变化。两个数据之间的缺口衡量了国内外企业的预付款或延迟付款行为。这一缺口在 2011 年 9 月之前通常是正数；9 月后由于中国进口商加快了美元支付，这一现象发生了逆转。不出所料，自 2011 年 9 月起，出口商倾向于持有美元资产并偿还美元贷款，因此以美元计价的银行存款增速显著超出以美元计价的贷款增速。①

（7）上述变化也对国内经济的流动性供给产生了影响。2007 年后，私人持汇出现新模式，流入的外币不再被立即兑换为人民币，在美元升值预期情况下，人们倾向于持有美元。在这一新模式下，流动性创造有所减少。因此，官方允许的私人持汇取代了政府持有美元和/或将外汇兑换为人民币的行为。总的来说，中国货币当局的信贷投放能力受到了较大影响，在当前面临来自欧元区的全球经济衰退新挑战的形势下，这一情况值得关注。

（8）2011 年 9 月前的人民币的升值预期，使以人民币结算的中国进口商品价值高达出口商品的 5 倍，这表明非居民贸易商是人民币净收款人而不是付款人。因此，中国香港的非居民贸易商的人民币存款出现快速上升。然而，由于不再存在人民币升值预期，存款增加幅度在 2011 年的最后 4 个月出现放缓（Long，2012），导致中国香港的人民币存款下降，而中国内地外币存款快速上升。我们可以观察到，中国香港的人民币存款和美元/人民币汇率一直都呈反向变动关系。因此，在人民币持续升值的情况下，货币投机（通过使其成为贸易交易）是推动人民币国际化背后的主要动力。

（9）通过对日内价（即市场收盘价减去中间价，反映了市场对人民币兑美元汇率的看法）走势的观察，可以了解美元/人民币汇率投机的影响。通过对比日内价和日间价（即中间价减去上个交易日的市场收盘价，大体反映了中国人民银行的意见），我们可以把美元/人民币汇率变动分解为两个部分，区分市场和中国人民银行对美元/人民币汇率的意见。两者的立场往往相反，数据显示，市场预计人民币在 2012 年第三季度之前会出现贬值，而官方却宣布人民币汇

---

① "国家外汇管理局的报告显示，第四季度以美元计价的银行存款平均每月上升 70 亿美元，显著高于第一季度至第三季度的 20 亿美元；同时，第四季度以美元计价的贷款平均每月仅上升 10 亿美元，远低于第一季度至第三季度的 70 亿美元"（Langsha and Chang, 2011）。

率接近均衡水平（"PBOC against the market on USDCNY，"2012 年 5 月 23 日）。

但是，如前所述，通过使用回归分析，可以发现日间变动与日内变动的时间序列之间存在明显的负相关关系（请参阅下面的公式）。日间价与日内价的反向变动，反映了中国人民银行不管市场趋势如何也要维持人民币汇率稳定的决心。

$$\text{Interday}_t = -0.001 - 0.885 \times \text{Intraday}_{t-1}，R^2 = 0.5180$$

如果将以上框架应用于人民币兑一揽子货币汇率[1]，可以发现日间价与日内价变动之间的负相关关系减弱，低于 0.1，表明中国人民银行（以及投机者）依然更关注美元而不是在岸外汇市场的货币篮子。但是人民银行的声明与此结论相反（"PBOC against the market on USDCNY，"2012 年 5 月 23 日）。

（10）关于近期中国外汇存款的上升，其中一种解释是人民币升值预期的弱化（Long and Qiaowei，2012）。

（11）美元兑人民币汇率变动预期在离岸人民币市场（尤其是中国香港）也有所体现。在中国香港，非居民投资者对当地货币债券市场的无本金交割远期外汇交易（NDF）的使用变得越来越重要，在当地货币条件紧缩时尤其如此[2]。2008 年 4 月至 2013 年 4 月期间，NDF 市场发展迅猛，但仍不及后来几个月的增长趋势。必须强调的是，NDF 市场往往引导着国内市场的人民币即期汇率趋势，尤其是在人民币贬值的承压时期。但是，近期人民币离岸可交割远期外汇交易（DF）的交易额已经超越了 NDF。

DF 和 NDF 汇率之间的差异，反映了资本管制措施的有效性。

---

① 根据中国的出口结构，货币篮子由 50% 的美元、40% 的欧元和 10% 的日元构成。

② 这个市场一般被用于对冲人民币兑美元汇率波动。尽管无法使用人民币进行交割，但将用美元对汇率差价进行结算。因此，NDF CNY 市场实际上是基于美元兑人民币汇率的未来变动的。中国大陆的交易者无法参与这一市场，但是 CNH 市场的在岸交易者除外（"China's Currency，"n. d）。

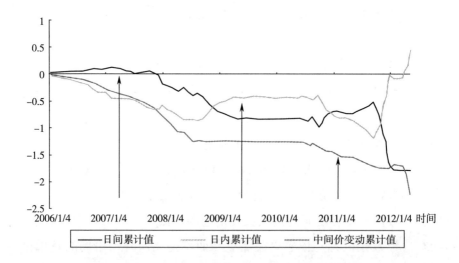

注：纵轴和横轴分别表示美元/人民币汇率和日期。

数据来源："PBOC against the market on USDCNY，" 2012 年 5 月 23 日，http：//ineteco-nomics. org/blog/china-seminar/pboc-against-market-usdcny。

图 8.2 美元/人民币累积日间和日内变动

此外，当市场状况紧张时，两者间的差异会明显扩大，这在 2008 - 2009 年的全球金融危机、2013 年 5 - 8 月的欧元危机以及美国退出量化宽松（QE）政策预期造成新兴市场抛售时都是如此。因此，NDF 市场在人民币离岸市场上依然是持有本土债券多头头寸的基金经理以及持有未对冲美元债券的公司的主要调节阀（McCauley et al. ，2014）。由于 NDF 相关资产由非中国居民持有，这些交易并不会在中国的国际收支中得到体现。

如上所述，在市场波动时期，NDF 市场影响着国内 DF 市场和即期汇率。但是，自 2010 年起，离岸可交割远期市场开始与在岸可交割远期市场以及离岸 NDF 市场并行交易。2013 年 4 月的中国香港离岸市场数据表明，人民币 DF 日均成交量只有 71.02 亿美元，而人民币 NDF 日均成交量高达 170.83 亿美元。因此，人民币离岸 DF 市场正逐渐对人民币 NDF 市场形成挑战。随着人民币逐渐实现可兑换，还将存在两个市场合并的可能性。值得注意的是，中国香港拥有单独的人民币即期汇率（CNH），这一汇率往往略高于内地的即期汇率（CNY），这进一步打开了两地之间套利交易的渠道；不但有利用中国香港略微高估的汇率的套汇交易，也有利用两地之间利率差异的套利交易（Yongding，2014）。事实上，中国香港较高的汇率为人民币非官方升值创造了空间（图8.3）。

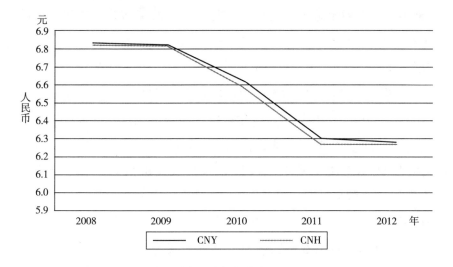

数据来源：http：//themoneyconverter.com/H KD/USD. aspx。

图8.3　中国内地和香港特别行政区的人民币兑美元汇率

汇率波动更为剧烈的可能性（自2011年9月宣布人民币汇率双向浮动开始，尤其是在2012年4月扩大了汇率浮动区间后），创造了多个针对汇率变化预期进行投机的渠道。

以上事件最终导致人民币首次出现贬值，从2012年4月的1美元兑6.30元人民币贬值到2012年8月的1美元兑6.41元人民币（"Chinese Yuan/U. S. Dollar Daily Exchange Rate"，n. d. ）。

虽然最近人民币汇率又开始缓慢升值，人民币在未来可能出现贬值的预期正在形成（Reuters China Money，2012年5月23日）。人民币汇率下滑的预期，由于上面提到的国际收支恶化（中国外部账户的投资净收益和金融项目余额为负值）的信号得到了进一步加强。

中国金融业的爆炸式改革

近期，在 2013 年 11 月召开的中国共产党十八届三中全会上正式推出的一系列金融改革受到了广泛关注。改革措施包括建立中国（上海）自由贸易试验区，并允许区内人民币完全自由兑换。此前，中国在 2004 年已经开始将中国香港作为人民币离岸交易中心，并指定中国银行（香港）作为人民币清算银行。2009 年，伦敦也紧随其后。到了 2012 年，中国香港和伦敦已经是被正式认可的离岸外汇交易中心，为各类机构和企业提供服务。2013 年，新加坡也成为人民币离岸中心，中国工商银行被指定为其人民币清算行。尽管中国（上海）自由贸易试验区只是继香港、伦敦、新加坡之后的又一个人民币离岸交易中心，但是它的启动较其他离岸中心意义更为重大。

以上进展意味着在中国内地，有可能实现人民与美元（或其他货币）的双向兑换。但是，目前还难以判断中国人民银行是否会允许中国（上海）自由贸易试验区出现与中国其他地区不同的汇率。

我们可以顺便关注一下在中国香港发行的以人民币计价的所谓"点心债券"（Kenny，n. d.）。外国居民可以通过"点心债券"在中国资本市场进行投资。实际上，位于中国香港的外国企业可以通过发行此类债券进入发展迅猛的中国资本市场。至于在上海是否也可以采取类似做法，中国（上海）自由贸易试验区负责人之一戴海波提道："自贸区内的企业和金融机构可以在上海的证券和期货市场进行投资，而自贸区内符合条件的海外个人也可以开立账户进行本地证券交易"（"China Inaugurates Shanghai Zone，"2013）。这一声明暗示了管制可能放宽的领域。

中国（上海）自由贸易试验区也计划为在区内注册的公司取消所有资本管制，这将提高企业通过搬迁到自贸区来绕过管制的意愿（"上海自贸区落成"，2013）。中国国务院2013年11月发布的金融改革规划还表明要全面实现利率市场化。这将提升银行存款相对于理财基金和影子银行的吸引力（Zhu，2013）。

由于上海早就已经是中国的主要外汇交易中心，在上海成立自由贸易区表明人民币正逐渐走向完全自由兑换。值得注意的是，习近平主席和李克强总理都曾正式同意将中国（上海）自由贸易试验区作为人民币自由兑换的"试水区"。

结　　论

那么，中国正在进行的金融改革将带来什么呢？尽管预测中国（上海）自由贸易试验区在金融稳定或其他方面对中国其他地区有何影响仍为时尚早，但是以上讨论充分证明，中国放宽资本账户管制的政策造成了金融市场不确定性和脆弱性的上升。

这些政策措施包括了对中国金融部门管制的逐步放宽，如2005年允许人民币浮动、2007年允许私人持有美元、2007年人民币汇率浮动区间扩大以及2011年的人民币双向浮动声明。这些政策的确为汇率投机创造了很大的空间。

与投机类似，套利交易在外汇市场上也很普遍，这种交易利用了汇率变动并对净贸易信贷、贷款和其他投资流动产生了影响。这些影响解释了金融项目净余额的下降，并将继续导致对中国对外支付的担忧。尽管投资收入为负（套利交易的产物），但持续的贸易顺差仍在为经常账户的持续顺差和官方储备的增加作出贡献。然而，中国国际收支已经不再有"双顺差"的支持。即使并不担忧，我们至少也应该对上面提到的中国金融部门去监管历程的各个方面保持谨慎的态度。

尽管主流文献一再强调自由市场在促进稳定和效率方面的作用，但是由于失去管制而丧失方向的市场将会陷入未知的境地，当不确定性主导市场运行时尤为如此。一部分人可以通过管理或操纵交易而迅速获利，但其他人就没有那么幸运了。值得注意的是，通过投机和套利交易所得的利润几乎从来不会带动实体经济活动。到头来不但市场秩序不稳定，实体经济也没有实现增长。中国房地产市场的繁荣也证明我们需要谨慎。不管是从中国的国家经济利益考虑，还是为世界其他地区的利益着想，我们都需谨慎对待中国的去监管和自由化进程。

参考文献

［1］ "China Inaugurates Shanghai Zone in Financial Reform Drive"（2013）. Bloomberg News, 30 September. Available at http：//www. bloomberg. com/news/2013 – 09 – 29/china-inaugurates-shanghai-trade-zone-in-financial-reform-drive. html.

［2］ "China Money-Yuan depreciation a realistic possibility"（2012）. Reuters, 23 May. Available at http：//www. reuters. com/article/2012/05/23/markets-china-debt-idUSL4E8GG7BT20120523.

［3］ "China widens yuan's trading bank against USD"（2014）. Xinhuanet News, 14 April. Available at news. xinhuanet. com/english/china/2012 – 04/14/c_ 131526335. htm.

［4］ "China's currency：the RMB, CNY, CNH⋯", ECR Research, No Date. Available at http：//www. ecrresearch. com/chinas-currency-rmb-cny-cnh.

［5］ "Chinese Yuan/US Dollar Daily Exchange Rate, 2000 – 2011", China Global Trade：A Program of the Kearny Alliance. Future of US ChinaTrade. com, Available at http：//www. chinaglobaltrade. com/fact/chinese-yuan-us-dollar-exchange-rate-daily.

［6］ "Easing measures boost free trade zone,"（2013）. Shanghai：City News, 20 October. Available at http：//www. shanghai. gov. cn/shanghai/node27118/node27818/u22ai73706. html.

〔7〕"PBOC against the market on USDCNY"（2012）. Institute for New Economic Thinking China Economics Seminar, 23 May. Available at http：//ineteconomics. org/blog/china-seminar/pboc-against-market-usdcny.

〔8〕Kenny, Thomas, "What are Dim Sum Bonds?" About. com：Bonds, No Date. Available at http：//bonds. about. com/od/Issues-in-the-News/a/What-Are-Dim-Sum-Bonds. htm.

〔9〕Langsha, He and Liu Chang（2011）. "China Should Keep Sufficient Foreign Exchange Reserves," China Economic Net, 9 October. Available at http：//english. peopledaily. com. cn/90780/7612542. html.

〔10〕Long, Chen（2012）. "Is it possible or even necessary for the Renminbi to become a dominant international currency ?" Institute for New Economic Thinking China Economics Seminar, 19 July. Available at http：//tinyurl. com/ineteconomics-blog.

〔11〕Long, Chen（2013）. "What does the Canton Fair tell about Chinese Economy?" Institute for New Economic Thinking China Economics Seminar, 21 October. Available at http：//ineteconomics. org/blog/china-seminar.

〔12〕Long, Chen and Lin Qiaowei（2012）. "China's FX Flow Framework", Institute for New Economic Thinking China Economics Seminar, 27 March. Available at http：//ineteconomics. org/blog/china-seminar/china-s-fx-flow-framework.

〔13〕McCauley, Robert, Chang Shu and Guonan Ma（2014）. "Non-deliverable forwards：2013 and beyond" BIS Quarterly Review, March.

〔14〕McMahon, Dinny and Aaron Back（2013）. "China Tightens Regulations on Wealth Management," The Wall Street Journal, 27 March.

〔15〕Sen, Sunata（2012）. "China in the Global Economy：Encountering Systemic Risks" Chapter 13 in Dominant Finance and Stagnant Economies. Oxford：Oxford University Press.

〔16〕Shibo, Tan and Chen Long（2012）. "Is Capital Flight Taking Place in China?" Institute for New Economic Thinking China Economics Seminar, 29 November. Available at http：//ineteconomics. org/blog/china-seminar/capital-flight-taking-place-china.

〔17〕State Administration of Foreign Exchange（SAFE）, Time Series data of Balance of Payments of China. Available at www. safe. gov. cn/wps/portal/english/.

[18] Yu, Yongding. (2014). "How Far Can Renminbi Internationalization Go?" *Asian Development Bank Institute Working Paper Series*, No. 461.

[19] Zhu, Grace (2013). "China Quickens Pace in Financial Reform," *The Wall Street Journal*, 12 December. Available at http: //blogs. wsj. com/chinarealtime/2013/12/12/china-quickens-the-pace-in-financial-reform/.

作者简介

Kenji Aramaki（荒卷健二）

东京大学经济学教授。曾任职于国际货币基金组织和日本财务省。研究方向为国际金融危机，以及包括资本管制在内的管理措施。著有《资本账户开放的次序：日本经验和对中国的启示》（*Public Policy Review* Vol. 1 No. 2 2005，Policy Research Institute，Ministry of Finance，Japanese Government.）。

Vivek Arora（维维克·阿罗那）

国际货币基金组织战略、政策与评估部副主任，负责研究资本流动与相关政策，以及评估各国相关政策。2006 – 2010 年，曾任国际货币基金组织驻中国高级代表。1992 年起任职于国际货币基金组织，曾在美国、加拿大、韩国和菲律宾等国工作。曾撰写多篇研究论文，内容涉及经济增长与外溢性、新兴市场货币、金融和财政政策，以及汇率机制。德里大学圣斯蒂芬学院经济学学士，布朗大学经济学博士，曾通过布朗—哈佛研究生交换项目在哈佛大学从事国际金融研究。

Bilge Erten（比尔吉·尔顿）

2010 年在阿姆赫斯特市马萨诸塞大学获得经济学博士。当前研究方向为帮助发展中国家应对外汇压力、提高货币政策独立性、提高危机应对能力的宏观政策与资本管制政策。她的研究分析了资本流动限制、汇率相关审慎措施、金融部门对国际借贷的具体规定等资本账户管制方法的宏观经济有效性。其他研究兴趣包括商品期货市场的金融化及其对能源、食品和金属日益不稳定的价格的影响。她也对特别提款权进行研究，一是因为它是一种创造性的发展融资来源与性别平等干预工具，二是因为它也是一种促进建立稳定、公正的国际货币体系的工具。她的研究成果涉及国际贸易与国际金融、经济思想史以及关于发展的政治经济学。

Daniela Gabor （丹尼尔娜·加伯）

西英格兰大学布鲁斯托尔商学院副教授。她致力于三个领域的研究：其一，在发达国家和发展中国家，当央行希望达成一个政治经济目标时的言论和行为，特别是经济危机时期的公开市场操作；其二，国际货币基金组织的贷款条件性，以及针对全球性银行的市场行为所导致的跨境金融联系的治理建议；其三，影子银行在债券回购市场的经营行为，及其对中央银行、主权债务市场与包括金融交易税在内的管制措施的影响。她的研究受到欧洲和英国等机构的资助，论文发表在《发展研究杂志》、《竞争与改变》、《发展与改变》、《政治经济学评论》和《欧亚研究》等杂志上。

Kevin P. Gallagher （凯文·加拉格）

波士顿大学帕迪国际研究学院副教授、全球经济治理中心与全球发展政策项目的联合负责人、波士顿大学弗雷德里克·S. 帕迪未来研究中心研究员。任职于美国国务院国际经济政策咨询委员会附

132

属的投资委员会，以及联合国贸易与发展会议的国际投资部。著有
《统治资本：新兴市场与跨境金融管制》、《室中之龙：中国与拉丁
美洲工业化的未来》（与 Roberto Porzecanski 合著）、《飞地经济：外
国投资与墨西哥硅谷的持续发展》（与 Lyuba Zarsk 合著）等。担任
《国际政治经济评论》联合编辑，为《金融时报》和《卫报》撰写
专栏。

Jan Kregel（简·克雷戈）

巴德学院莱维经济中心高级学者，货币政策与金融体系项目负
责人。塔林理工大学 Ragner Nurkse 创新与管理学院发展金融学教
授、密苏里—堪萨斯城大学杰出研究教授、《后凯恩斯经济学论坛》
编辑、《后凯恩斯经济学杂志》联合编辑、2009 年联合国大会国际
金融体系改革委员会主席助理。曾任联合国金融发展办公室政策分
析与发展部负责人。英国皇家经济学会终身会员、意大利经济学会
会员和巴西凯恩斯协会赞助人。2010 年获得演化经济学协会颁发的
素有盛名的凡勃伦奖。2011 年当选为意大利科学院院士。

Guonan Ma（马国南）

国际清算银行亚太办公室高级经济学家。在 2001 年加入国际清
算银行前，曾在美林证券、所罗门美邦、信孚等投资银行以亚洲经
济学家的身份任职 10 年。曾在澳大利亚国立大学工作 4 年，担任讲
师与研究员。1990 年获得匹兹堡大学经济学博士。生于中国，1982
年本科毕业于北京大学。近年来撰写多篇关于亚洲和中国宏观经济
以及金融市场的文章。

Robert N. McCauley（罗伯特·麦考利）

国际清算银行货币与经济部高级顾问。2008 年 10 月之前，曾在中国香港任国际清算银行亚太首席代表。曾在纽约联邦储备银行任职 13 年，担任国际金融部研究主管。1992 年曾在芝加哥大学商学院教授国际金融和跨国公司等课程。

José Antonio Ocampo（何塞·安东尼奥·奥坎波）

哥伦比亚大学国际与公共事务学院经济与政治发展中心教授、主任。哥伦比亚大学全球思想委员会成员、政策对话中心联席主席、联合国经济与社会理事会发展政策委员会主席。曾在联合国与其祖国哥伦比亚担任数种职务，包括联合国负责经济与社会事务的副秘书长、联合国拉丁美洲与加勒比海地区经济委员会秘书长、哥伦比亚金融部、计划部与农业部部长。曾获多项学术奖项，包括 2012 年西班牙经济史协会颁发给关于西班牙或拉丁美洲经济史最佳图书的 Jaume Vicens Vives 奖、2008 年因扩展经济思想前沿获 Leontief 奖、1988 年哥伦比亚 Alejandro Angel Escobar 国家科学奖。在宏观经济政策理论、国际金融问题、经济与社会发展、国际贸易以及哥伦比亚与拉丁美洲经济史等方面著述颇丰。最新的作品包括《独立后拉丁美洲经济发展》（与 Luis Bértola 合著，2012）、《危机时代的发展合作》（与 José Antonio Alonso 合编，2012）、《牛津拉丁美洲经济手册》（与 Jaime Ros 合编，2011）、《是时候伸出有形的手：2008 年世界金融危机的教训》（与 Stephany Griffith-Jones，Joseph E. Stiglitz 合编，2010）、《发展中国家的增长与政策：一个制度主义的尝试》（与 Lance Taylor、Codrina Rada 合著，2009）等。在 Notre Dame 大学获得经济学与社会学硕士，在耶鲁大学获得经济学博士。

Franziska Ohnsorge（弗兰西斯卡·奥恩索基）

国际货币基金组织高级经济学家。曾任欧洲复兴与发展银行首席经济学家办公室宏观经济组负责人。多伦多大学经济学博士。与 Tamim Bayoumi 合著《资本流入或流出占主导？全世界给中国资本账户开放的启示》（IMF 工作论文，13/189，IMF）。

Sunanda Sen（苏兰达·森）

经济学家，目前研究方向为国际金融和经济发展史。曾在印度新德里的 Jawaharlal Nehru 大学以及巴塞罗那、格勒诺布尔、苏里南、巴黎等地大学任教。在印度国内外多所大学和研究机构担任客座教授。担任剑桥大学多个学院的研究员。耶鲁大学博士后，曾获剑桥大学 Joan Robinson 纪念奖金。曾在联合国贸易与发展会议、国际劳工组织、联合国亚洲及太平洋经济社会委员会与南半球委员会任职。曾当选印度社会科学院院士与剑桥大学女王学院优秀研究员。著有《殖民与帝国：1890 – 1914 年的印度》（1996）、《金融与发展》（1998）、《贸易与依赖：印度的经验》（2000）、《全球金融风险：全球经济的不稳定与停滞》（2003）、《全球化与发展》（2007）、《非自由和有偿工作：印度有组织制造业的劳动》（2009）、《发展的尝试：外围的缩减》（2013）与《主导的金融与停滞的经济》（2014）。

Yongding Yu（余永定）

中国社会科学院世界经济与政治研究所研究员、中华人民共和国外交部咨询委员会委员、国家发展与改革委员会咨询委员会委员、中国世界经济学会前主席。曾任中国人民银行货币政策委员会委员、世界经济、政治研究所所长。牛津大学经济学博士。

Ming Zhang（张明）

中国社会科学院世界经济与政治研究所副研究员、国际投资室主任。研究方向为国际金融与中国宏观经济。在过去的几年里致力于研究全球金融危机、外汇储备、跨境资本流动、人民币汇率与国际化。著有多本著作、多篇学术论文与大量财经评论。曾任毕马威会计师事务所审计师、日本资产管理集团私募股权基金经理。中国社会科学院研究生院经济学博士。

后　记

2014年2月，我应邀赴波士顿大学参加有关中国资本账户开放国际经验的学术研讨会。这次会议在波士顿大学一座城堡式的建筑里召开。余永定老师由于时间冲突未能参加，但他还是通过视频系统与参会者进行了远程交流。更巧的是，在会议进行期间，一时彤云密布、朔风四起，下起了一场纷纷扬扬的大雪。因为这场大雪，会议方还延长了茶歇的时间，以不辜负这良辰美景。当然，这场大雪虽然赏心悦目，但并不是没有副作用。翌日由于从波士顿飞纽约的航班取消，我不得不在波士顿机场滞留了整整一天，最后只能借道洛杉矶才无比曲折地回到北京。

本书即这次会议的论文集。本论文集的最大特色在于，言简意赅地介绍了一些主要新兴市场经济体（日本、韩国、拉丁美洲国家、中东欧国家、印度等）开放资本账户的经验教训，以期为中国的资本账户开放进程提供启示。中国经济能够持续较快增长，并且在资本账户开放的过程中避免爆发金融危机，这是与会者的共同希望。因为，中国经济的可持续增长，已经不再是中国自己的事情，也对全球经济具有重要的外部性。

事实上，从2012年至今，中国国内的确出现了新一轮关于当前是否应该加快资本账户开放的讨论。双方在各种场合均进行了建设性的，但不乏针锋相对场面的激烈辩论。余永定老师与我所在的中国社会科学院世界经济与政治研究所国际金融研究中心，对这一问题始终持比较审慎的态度。当然，在资本账户开放这一重要问题上，有争论是好事。正所谓兼听则明，偏信则暗。而这本论文集，试图为这场中国国内的讨论，注入更多国际经验与全球视野。

本论文集的核心观点是，中国资本账户的最终开放是大势所趋，但关键在于应该管理好资本账户开放进程的节奏与风险。一方面，资本账户开放需要遵循适当的顺序，例如汇率与利率的市场化、发展到一定程度的国内金融市场；另一方面，在资本账户开放的同时，应该创建一套有效的新机制（包括宏观审慎框架在内），以防范短期资本大进大出而造成的金融脆弱性。此外，创建一套金融危机的监测、预防与应对机制，也是非常必要的。毕竟，迄今为止，没有哪个国家能够完全避免金融危机的爆发。

本书的英文版已经在 2014 年由波士顿大学出版。在 2014 年 10 月 IMF 与世界银行秋季年会期间，本书的三位编者，加拉格教授、奥坎波教授与我，还在位于华盛顿特区的约翰霍普金斯大学高级国际问题学院召开了一个本书的发布会。根据事先进行的沟通，本书的中文版将于 2015 年 7 月在中国金融出版社出版。本书的四位编者，将于 2015 年 8 月在北京召开中文版的发布会。

感谢中国社会科学院世界经济与政治研究所张宇燕所长与姚枝仲副所长的大力支持，他们对本书的翻译与出版工作非常重视，并给予经费方面的支持。本书的翻译由我的四位同事合作完成。其中肖立晟博士负责第一章、第二章的翻译，李远芳博士负责前言、综述与所有图表的翻译，陆婷博士负责第三章、第四章、第五章的翻译，匡可可博士负责第六章、第七章、第八章的翻译。全书由我本人负责审校。

感谢波士顿大学帕迪国际研究学院的凯文·加拉格教授。他所在的中心最近三年出版了三本关于跨境资本流动监管的报告，这些报告在美国国内外产生了广泛的影响。而本书正是这一系列报告的第三本。在这三本报告的撰写过程以及相应的研讨会中，波士顿大学帕迪国际研究学院与中国社会科学院世界经济与政治研究所的学者们均进行了密切的合作。笔者希望，两个机构之间的合作，能够继续深化下去。

张明
2015 年 4 月